同性愛は「病気」なの？

僕たちを振り分けた世界の「同性愛診断法」クロニクル

牧村朝子

星海社

76
SEIKAISHA SHINSHO

はじめに

「私は、同性愛者なんでしょうか？」

こんなご相談を受けるたび、考え込んでしまいます。

人を好きになって、「私は異性愛者なのだろうか」と悩む人はなかなか少ない。なのに、その相手が同性であったというだけで、どうして人はこんなにも戸惑ってしまうのかしら、って……。


ご挨拶が遅くなりました。私は、文筆家の牧村朝子（まきむらあさこ）といいます。編集者であるフランス人女性と、同性婚が法制化されたフランスで結婚しています。

デビュー作がセクシュアリティ論の入門書『百合のリアル』（星海社新書、二〇一三年）だったこともあってか、私のもとには、お手紙・メール・スカイプなど毎月数十件のご相談をお寄せいただいています。そうしたご相談の数々に、二年間、延べ四百件近くに耳を傾けてきて、つくづく感じていることが、これなんです。

「なぜ『異性愛診断テスト』はないのに、『同性愛診断テスト』は必要とされ続けるんだろう?」

人を好きになったとき、その喜びを感じる間もなく「自分は同性愛者なのだろうか」と悩んでしまう。

人に想いを告げたくても、「あなたって同性愛者だったんだ」と言われるのが恐くて、ひとりで気持ちを押し殺してしまう。

そんなケースに直面するたびに、私は無力感にさいなまれました。

ああ、これ、十歳の時の自分と同じだ。自分が女の子に初恋をしたあの日の、「自分が自分でなくなっていってしまうような感じ」に、今も苦しんでいる人がいるんだ、って……。

そこで私は、こんなタイトルの記事を書きました。

「世界の同性愛診断法〜画像から医学テストまで〜」

二〇一三年当時から連載させていただいている、株式会社DMM.comによるLGBTコミュニティサイト「2CHOPO」で、世界のいろいろな「同性愛診断」(と称されるもの)についての紹介を読み物記事にまとめたのです。

この記事を書くためのリサーチがまた、驚きの連続でした。国家として同性愛診断法を開発しようとする国、迫害された同性愛者に「もっとオネエっぽくすべきだよ」とアドバイスする弁護士。記事を書き終えたあとも私は、世界の同性愛診断テストについて調べることをやめられませんでした。

その結果立ち現れてきたのは、そもそも「同性愛者」という言葉自体がかつては存在しなかった、という事実でした。そして、そんな時代に「同性愛者」という言葉をつくりだし、数々の同性愛診断法を考えだしてきた、それぞれの人々の、それぞれの人生でした。

こうした人々の生きた軌跡を知ることは、「どうすればそれぞれ違った人間が同じ社会で一緒に暮らせるか」という答えを探すことにもつながります。私はこの本で、「異性愛者はこんなにひどい同性愛者差別をしてきた！」みたいなことを叫ぶつもりはありません。「同性愛者は他と違ってこんなに特別！」みたいな話がしたいのでもありません。この本は、特に同性愛者向けでも非同性愛者向けでもありません。むしろ、同性愛者とか異性愛者とかいう言葉に切り分けられながらもそれぞれ生きている「人間」たちの物語を、あなたとひもといていきたいのです。

長い間、いわゆる同性愛者と呼ばれる人たちの多くは「みんなと同じだというフリ」をして生き抜いてきました。自分の中の「みんなと違う」部分を押し殺し、あるいは死ぬまで隠して。だけれども、そうした人々を「みんなと違う」とみなしてあぶり出そうとした人がいるのです。また、「もう隠すのはやめよう。私たちはみんなと違うんだ」と呼びかけた人だっているのです。そうして、ひとりとして同じではない人間たちが、「誰かと『同じ仲間』でありたい」あるいは「『違うやつら』を排除して安心したい」という想いで何をしてきたかという歴史を、その過程で考え出された実際の同性愛診断法とともに見ていきましょう。

第1章では、まず「同性愛者」という言葉ができるまでの過程をお話しします。続く第2章では、同性愛の理由を探した人々のこと、そして、「我々同性愛者は科学的に言って他の人間とは違うんだ！」と立ち上がったある医師の物語をご紹介します。こうして「同性愛者」という存在が社会で存在感を高める中、二度の世界大戦が起こり、ナチスドイツや米軍などが同性愛診断に乗り出した頃のことを第3章でみていきます。そして〝同性愛治療〟と称した恐ろしい行為が行われ、人種という考え方にとらわれた人々が殺し合い、戦火が街を焼きつくしていったあと、「本当に『同性愛者』っていうのは人種のようなものなんだろうか？」と考え直した人々の姿を第4章で描いていきます。最後の章となる第5章では、現代のこと――国家レベルで、難民審査の場で、あるいはネットのデマとして今もつくられ続ける同性愛診断法の実例をみていきます。それらを踏まえた上で改めて、「人は『同性愛者』と『非・同性愛者』に分けられるのか？」ということを一緒に考えていきましょう。

なお、本書で言う「同性愛者」とは、「同性だけを愛する者」の意味に限らず、「同性を愛することもある者」くらいの意味で使っているということを先に申し上げておきますね。

つまりは、男性とも女性とも恋愛の可能性がある両性愛者（バイセクシュアル）、基本的に異性愛者だが同性との恋愛にも抵抗はないヘテロフレキシブル、男も女もどちらでもない人も性別に関係なくあらゆる人との恋愛の可能性がある全性愛者（パンセクシュアル）などといった人々のことも「同性愛者」という言葉で総称しています。これは、私がバイセクシュアルなどの多様な自認を持つ皆さんのことを「要は同性愛者でしょ？」扱いしたいからではありません。そうではなくて、この本で振り返る時代の半分以上、具体的に言うと第二次世界大戦前くらいまでは実際にそのような言葉の使い方がなされていたことを考慮してのことです。「人はそれぞれ違うよね」という、当たり前といえば当たり前のことが広まり、性のあり方を示す言葉も「バイセクシュアル」「パンセクシュアル」などと細分化しはじめたような風潮は、ごく最近のことですからね。また、そんな現代にあっても、本当にさまざまなあり方の人々が「要は同性愛者でしょ？」の一言で片づけられてしまうことは残念ながらまだ珍しくありません。

……ということで、ご挨拶と、この本の流れ、この本が同性愛者向けでも非同性愛者向けでもないということ、それから、「同性愛者」という言葉をこの本の大部分では「同性を愛することもある者」くらいの意味で使っていますよっていうお話をさせていただきました。

「同性愛診断法」の文字が並ぶこの本を、あなたはどんな想いで手に取ってくださったのでしょうか。いまパソコンの画面に向かって書いている私からはわかりません。けれども、同性愛診断法の実例と、その裏に隠された人々の物語を通して、あなたがよりよく生きるヒントを見つけるお手伝いができたならいいなと思って、私はこうしてあなたに書いています。

それでは、さっそく本題に入りましょう。

目次

第4章 同性愛は「人種」なのか（1945－） 119

第5章 現代社会と同性愛（-2015） 163

第1章

「犯罪」とされた同性愛

(–1868)

同性愛診断法、というものについて考えていくには、まずそもそもなぜ「同性愛者」という区別が生まれたのかを考える必要があります。

といってもこれは、〝同性愛の原因〟みたいなお話をしているのではありません。同性愛の原因については今まで、医学・遺伝子学・動物行動学・社会学などなどあらゆる学問分野で研究されてきましたが、「これが原因です！」とすべてを語りつくした論文はひとつも出てきていないという状況です。おそらく、今後も出てこないでしょう。なぜなら、〝同性愛の原因〟を考えるという態度は、しばしば「同性愛者は同性愛者でない人とは客観的に区別できる」という前提の上に成り立っており、この一歩手前の問いを置き去りにしたままの態度だからです。

「なぜ人間は『同性愛者／異性愛者』などという区別をするようになったんだろう？」

そういうことで、第1章では、さっそくこの〝一歩手前の問い〟について考えてみることにしましょうか。まず、同性愛者／異性愛者という区別が当たり前ではないことを示す実例や、「同性愛者」という表現が定着する前に考え出された分類の数々をご紹介していきます。その上で、同性愛者という言葉が生まれるまで——どういう人々のどういう願いがあって、どういった社会的状況の中で同性愛者というものの見方が生まれたのかに迫っていきましょう。

まずは身近なところから、こんな経験をお話します。

「実は、僕もゲイなんだ！」

空港からパリに向かうタクシーで、彼は嬉しそうにそう言いました。

フィンランドからのバックパッカーだという彼は、白金の髪に氷のような碧眼(へきがん)。なんだかスーパーサイヤ人コスプレが素(す)で似合いそうなくらいの、頼もしい体つきをしています。タクシーの後部座席に並んで座っても、その圧倒的な身長差は明らかでした。黒髪に黒い目の日本人女性の私とは、お互い人間だということくらいしか共通点がないように見えます。だけれども彼は、私に向かってこう言ったのです。

「仲間を見つけたみたいで嬉しいなぁ」

それは彼と私が、ゲイとレズビアン、同じ同性愛者同士の仲間だということのようでした。ストライキでバスも鉄道もちっとも来ない空港で、「誰か一緒に割り勘でタクシーに乗りませんか！」と叫んだ彼に、唯一「そうしましょう」とついていったのが私だったから、というわけではなくて。

ちなみに、私は「私はレズビアンです」とか「私は同性愛者です」だなんて一言も言っていませんでした。ただ、なぜフランスに来たのか聞かれて、「フランス人の妻と住んでいるからです。日本の法律では同性同士で結婚できないので、フランスで結婚して暮らしています」と答えただけです。それだけで、彼は私を仲間と呼んだのです。心のガバッと開く音が聞こえてきそうなくらいの、とっても嬉しそうな笑顔で。たぶん、鎖国時代の隠れキリシタンが別のキリシタンを見つけた時って、ああいう顔をしたもんなんだろうなぁ、って思いました。

さて、この「仲間を見つけたみたいで嬉しいな」というやりとりですけれど、不思議なことに異性愛者同士の間では交わされないものですよね。たとえば同性愛者同士、両性愛者同士の間などならまだ想像はつきますけれど、異性愛者同士でのこういうやりとりってあまり想像がつきません。

「実は私、異性愛者なんです」

「そうですか！　実は僕も異性愛者なんですよ！　仲間を見つけたみたいで嬉しいなぁ」

……どうでしょうか。おそらく、こういう会話を耳にした経験のある人は非常に少ないでしょう。私も聞いたことありませんが。

先のタクシーでの会話も、もしスーパーサイヤ人な彼が異性愛者だったとしたら、

「私はフランス人男性と結婚してフランスに来たんです」

「そうですか！　実は僕も異性愛者なんですよ！　仲間を見つけたみたいで嬉しいなぁ」

だなんて会話にはなっていなかったでしょうね。

それもそのはず。自分を異性愛者だと思っている人は、他の異性愛者に別段仲間意識を持たないどころか、そもそも「実は異性愛者なんです」だなんてことすら口にすることもあまりないからです。

別に、それが良いとか悪いとかいう話ではありません。私はここでは特に、「異性愛者はずるい！」とか「仲間意識を持てるのは同性愛者ならではの喜び……」とかそういうことを主張しているのではないのです。そうではなくて、その「同性愛」というくくりがなぜ生まれたのか、ひいてはこの「同じ仲間同士」という仲間意識が、なぜ同性愛者にあって異性愛者にはあまりないのかという話をしているのです。

同じ同性愛者どうしというけれど……

ということで、この仲間意識の源をさぐってみましょう。おそらくこの仲間意識というのは、こういうイメージにもとづくものではないでしょうか。

世の中は男と女、同性愛者と異性愛者に分かれている。そ

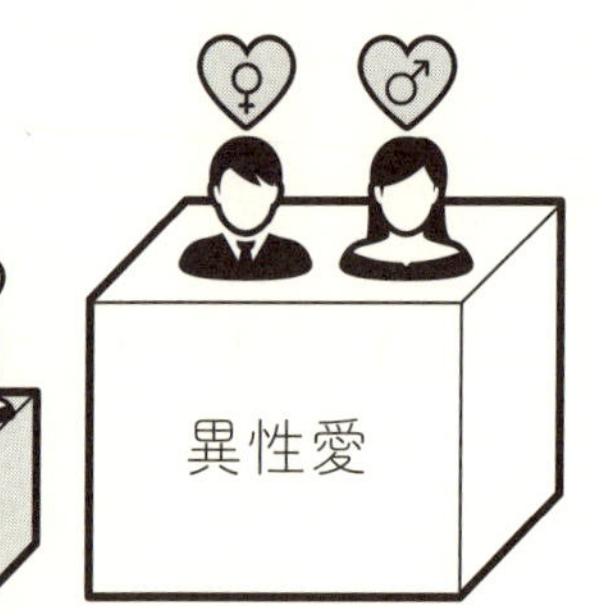

して、同性愛男性と同性愛女性というのは比較的数が少ないが、異性愛男性と異性愛女性はあちらこちらにいる――と。

もちろん、これはものすごく単純化した図です。たとえば「他者を恋愛・性欲の対象としない」という人や、「自分を男性だとも女性だとも思っておらず、よって自分にとっては『同性』である人も『異性』である人も厳密にはいない」と考える人だっていますよね。ただ大まかな分類として、「男と女」のふたつがあると考える男女二元論や、「同性愛と異性愛」の二項対立を前提にすれば、このような「同性愛者は比較的少なくて珍しい」というイメージが浮かんでくるわけです。

だけれども、たとえばこういう考え方ではどうでしょうか。

世の中には、男性を恋愛対象とする人間と、女性を恋愛対象とする人間がいる。前者は「男性愛者」、後者は「女性愛

者」である。つまり、たとえば、いわゆるゲイ男性と異性愛女性は、言ってみればどちらも「男性愛者」なのだ――と。

繰り返しますが、これらの図が世の中のすべてを表しているわけではありません。図Aと図Bは、あくまで、男もしくは女と恋愛する人たちについて整理したものです。つまりは同じ対象を違う方法で分類し直しているわけですが、それぞれの分類は次の二点において大きく異なっています。

(1)「同性愛／異性愛」は本人の性別を起点に考えている。
「男性愛／女性愛」は本人の性別に関係がない。

(2)「同性愛／異性愛」では、同性愛の方が少ないようにイメージされる。
「男性愛／女性愛」では、だいたい同じくらいの数になることがイメージされる。

なお、これら「男性愛者／女性愛者」という概念は、主に英語圏において、複数の書籍や論文で実際に使われているものです〈1〉。日本語の文献はまだまだ少ないですが、英語では次のように呼ばれています。

男性愛者……Androsexual（アンドロセクシュアル）
女性愛者……Gynosexual（ジノセクシュアル）

冒頭でお話したタクシーでのことも、この見方に基づいていれば展開が違っていたでしょう。ゲイを名乗る男性の彼と、女性と結婚した女性の私とは、それぞれ違う男性愛者と女性愛者だということになります。彼は私を「自分と同じ同性愛者だ」とは認識せず、よって「仲間を見つけたみたいで嬉しいなあ」なんてキラッキラの笑顔を向けてくることもなかったのでしょうね。

本来、人間は、ひとりひとり違います。だからこそ、なにかしらの共通点を探し、「同じ仲間」だと認識するための名前をつけるわけです。そうして「自分と同じ仲間」が誰なのかという線を引くことによって、必然的に「自分と違うやつら」の存在も立ち現れてきます。

だけれどもその線というのは、もともと引かれているものではなくて、言葉によって引かれたものであるわけです。人が人を「同じ同性愛者の仲間」と呼ぶのは、人が人を「自分たちとは違う同性愛者のやつら」と認識するのは、もともと「同性愛者／異性愛者」の間に線が引かれているからではありません。人が言葉によって線を引いたからです。

そもそも、同じ「同性愛者」という言葉ですら、人によって線引きが違っていますよね。いったいどういうことなのか、次の会話文で考えてみましょうか。

Ⓐ「今まで言えなかったけど、俺、同性愛者なんだ。今度、親に彼氏を紹介するつもり」

Ⓑ「えーっ！　同性愛者だったの!?　俺のことそういう目で見ないでよ（笑）」

Ⓒ「あいつ、彼氏がいるんだってさ……実は同性愛者だったんだね」

Ⓓ「えっ？　でも、前は女と付き合ってたんだから、同性愛者じゃなくてバイじゃね？」

Ⓔ「同性愛者かどうかを決めるのは、まわりじゃなくて本人でしょ。好きになったのがたまたま同性だっただけ、って人もいるんだし」

このとき、それぞれの人物にとって、「同性愛者」という言葉はこういう意味になっていますね。


Ⓐ「同性愛者」とは、同性のうち**特定の誰か**を**恋愛対象**にする人のこと。

Ⓑ「同性愛者」とは、同性ならば**誰でも性欲の対象**にする人のこと。

Ⓒ「同性愛者」とは、**現在**、**同性と付き合っている**状態の人のこと。

Ⓓ「同性愛者」とは、**過去**、**同性とだけ付き合ってきた**経験をしている人のこと。

Ⓔ「同性愛者」とは、状態・経験にかかわらず、**自分自身を同性愛者**だと思う人のこと。

この中のどれが正しいのか、ということを論じるのはこの本の目的ではありません。むしろ、ひとりとして同じではない人間が、いったいどうして、そしてどんなふうに〝同性愛を診断〟し〝同性愛者を区別〟しようとしてきたのかという、根本的なところを考えていきたいのです。

ということで、まずは、「同性愛者／異性愛者」という分類が決して絶対的なものではないということをお話してまいりました。ご紹介した「男性愛者／女性愛者」をはじめ、時代・地域・言語・ものの見方によって分類はまったく変わってきます。続いてはそれらのような、人間を「同性愛者」と「それ以外」に区切っていないさまざまな分類の数々を見ていきましょう。

〝同性愛者〟以外の分類いろいろ

少なくとも二〇一五年の日本では、「同性愛者」という分類が存在すると考えられている社会状況であるようです。たとえば二〇一五年四月には、法務省により、「あなたがあなたらしく生きるために　性的マイノリティと人権」と題する啓発動画が YouTube で公開されました〈2〉。その中には、自分が同性愛者であることを隠して企業で働く男性を主人公にしたドラマも含まれています。ほかにも、著名人が同性愛者だとカミングアウトした、なんてニュースを見かけることがありますし、国立国会図書館には「同性愛者」という言葉を含む資料が二〇一五年刊行のものだけで十七点所蔵されています（二〇一五年十一月調べ）。

ですが、こうして人間を「同性愛者」と「それ以外」に区切ることが当たり前ではないということは、今までお話ししてきたとおりです。さまざまな時代、さまざまな文化圏において、現代日本で言うところの「同性愛者」が「同性愛者」と呼ばれずどのようにあるのかということを、ひとつひとつ見ていってみましょう。

同性愛者に名前がなかった場所

シワ・オアシス（エジプト）

アフリカ大陸の北の砂漠、かつてはリビア領で現在はエジプト領となっている地域に、シワと呼ばれるオアシスがあります。そこに住む人々の間では、かつて、男性同士の性行為を伴う関係が当たり前のものとされていたといいます。一九七七年に日本で刊行された書籍には、シワ・オアシスの人々についてこう書かれています。

「穀類の栽培と牧畜で生計をたてる北アフリカの小部族、シワン（Siwan）族は、男色行為をあらゆる成人男子、青少年にとって当然な習慣とみなし、男女両性と性関係を持たない男子を変人扱いする。」〈3〉

シワ・オアシスにおいて、少なくとも文献に見られる限りでは、「同性愛者」に相当する概念が存在しませんでした。現代日本で言うところの「同性愛者」を特別視せず、むしろ男性と性関係を持たない男性のほうが珍しいとされたために、あえて「同性愛者」というような言葉が必要とされなかったのでしょう。

しかしこの習慣は、現在ではなかったことにされているようです。各地の先住民族の文化保護を訴えるアメリカの団体、カルチュラル・サバイバルは、「シワ出身の人類学者がこの習慣について英語で自著に書いたところ、シワの人々から圧力を受けて該当部分を削除させられた」としています〈4〉。このことを報じる記事には、シワの住民のコメントとしてこう書かれています。

「私たちのところは、動物園じゃないんだ……シワ・オアシスの中だけにとどめておくべきこともある」

シワ語を話すシワの人々の間でのことが、英語や日本語といった外国語で語られる時、この習慣はやはり「同性愛者（Homosexual)」とか「同性愛」といった言葉を使って説明されてしまうわけです。名前すらなかったと思われる当然のことに、外から名前が付けられてしまう。これは、自分たちのことを同性愛者だとは思っていないシワの人々に「同性愛者」のレッテルを貼ることにつながりかねません。

シワ・オアシスの人々の間で続いていた男性同士の結婚式は、一九二八年、当時のエジプト王フアード一世の来訪によって禁止されました〈5〉。その後もシワ・オアシスの中だけでこの習慣は続けられたそうですが、第二次世界大戦を機にアラブ連盟が結成された一九四〇年代を最後に、この習慣は途絶えたとのことです。

女学生どうしの性教育

マミーベイビー（レソト王国）

アフリカ南部、レソト王国の女性たちの間には、「マミーベイビー」という習慣がありました〈6〉。未婚の女子学生が、ほかの女子学生を特定の相手として選び、それぞれ「マミー」「ベイビー」と呼び合って過ごすというものです。彼女たちは、勉強や生活全般で支えあうにとどまらず、プレゼントを贈りあったり、同じ学校に通っていてもあえて文通をしたりして心を通わせます。その関係はいわゆる恋愛関係にも似ており、キス、ハグ、また性行為にも及ぶことがあるといいます。マミーとベイビーの間には一般的に数年の年齢差があり、年上の女性が「マミー」、年下の女性が「ベイビー」となるのです。

これには、しっかりとした教育的意図があります。レソト王国では、母親が娘に性的な話をすることはタブーとされているため、母親に代わってマミーが性教育の役目を担うというわけです。

マミーとベイビーの間には、日本の先輩・後輩関係を厳しくしたような上下関係があります。たとえば、年下かつ目下であるベイビーの方から、年上かつ目上であるマミーに会いに行くことは失礼に当たるとされます。ベイビーはマミーの意思を優先し、マミーの方からの誘いを待たなければなりません。

中には、複数のベイビーの面倒を同時に見ているマミーもおり、こういう場合も浮気扱いはされません。ただ、同じマミーを持つベイビー同士がやきもちを焼いてケンカしたりすることはあるようです。

彼女たちには、自分たちが「レズビアン」だとか「同性愛者」だとかいう意識はありません。現地で話されるソト語では、このように女性同士の絆を育む女性たち自身を指して特定の名前を付けるというより、その関係性のほうに着目して「ho ratana（ひとを愛する）」とか「Lechako（会いに行くこと）」と呼びます〈7〉。マミーベイビー関係は、男性との結婚後も続いていく場合が珍しくなく、その場合も夫婦関係とマミーベイビー関係を平和に両立させていくのだそうです。

ということで、同性愛者という名前がそもそも必要とされなかった社会の例をふたつ見てきました。現代日本では、同性愛者が「性的少数者」と表現される人々の中の一員として数えられ、いわゆる異性愛者と比べて数が少ないものと考えられています。しかしながら、誰が多数派になるかということは、どういう基準で人を数えるかによって変わるわけです。そのことは、先に述べた「男性愛者／女性愛者」の例からもおわかりいただけると思います。

また、シワ・オアシスやレソト王国の例からわかるのは、「社会によって〝ふつう〟は違う」ということでしょう。同性愛者という言葉は、あくまで西欧から輸入され、現代日本社会の価値観に基づいて使われている言葉です。かつてのシワ・オアシスにいた男性どうしの夫夫(ふうふ)たちやレソト王国のマミーベイビーたちを、日本語で「同性愛者」と呼ぶ行為は、物事の区別の仕方を押し付ける行為にほかならず、まるでイタリアのパスタを「うどん」って呼ぶようなものです。「だって、結局同じ性別でくっついてるんでしょ?」と食い下がることは、「だって、結局同じ小麦粉でできてるんでしょ?」というくらい乱暴なやりかたです。

現代にも、「同性愛者」という概念を外から輸入して名乗ることを拒否し、自らの文化圏における名前を名乗っている人々が存在します。そういった実例を、続いてふたつご紹介しましょう。

男女ふたつの魂を持つ

トゥー・スピリット (北アメリカ)

北アメリカの先住民族は、男女ふたつの魂を持つと考えられた人のことを「トゥー・スピリット」と呼んできました〈8〉。具体的には、日によって男性の服装をしたり女性の服装をしたりする人や、男性の身体をもって女性のようにふるまう人のことなどを指しています。トゥー・スピリットの人々は、同性・異性を問わずパートナーを持つこともありました。ただ、たとえば女性の身体をもつトゥー・スピリットが女性と結婚した場合、また男性の身体をもつトゥー・スピリットが男性と結婚した場合、そのどちらも「同性愛者」と呼ばれることはありませんでした。「同性愛者/同性愛者でない者」という線引きではなく、「トゥー・スピリット/トゥー・スピリットでない者」という線引きがなされていたのです。

しかし、先住民族社会の外から来た人類学者たちは、男性の身体を持つトゥー・スピリットのことを「男女ふたつの魂を持つ者」だとは信じず、自分たちの言葉で「ベルダーシュ」という名前を付けました。この言葉は日本語で言えば、「売春野郎」とか「オカマ」などといった意味を持っており、否定的な響きのある言葉です。

現代に生きるトゥー・スピリットの人々は、「ベルダーシュ」とか「同性愛者」といった言葉を西欧からの押し付けであると考え、「トゥー・スピリット」を名乗ることにしています。

SGL（アメリカ）

SGLとは、社会活動家のクレオ・マナゴ氏が、アメリカにおける同性愛者の権利運動の白人中心主義を批判してつくった言葉です。Same Gender Loving（同じジェンダーを愛する）の頭字語であるこの言葉は、いわゆる同性愛を黒人文化の中でポジティブにとらえる表現です。クレオ・マナゴ氏は二〇一二年、アフロ・アメリカン新聞が運営するウェブメディア〈9〉で次のように述べています。

「（白人同性愛者による権利団体は）彼らの活動を『新しい公民権運動』と呼び、そして、まったく間違った失礼極まりないことを言う。たとえば、『Gay is the new Black（ゲイは新しい黒人である）』、というような」

この「ゲイは新しい黒人である」というフレーズは、「かつてアメリカで差別されていた黒人が社会的権利を獲得したように、次は同性愛者が社会的権利を獲得するのだ」というような意味合いで使われています。しかし、こうして白人のゲイによって黒人の社会運動の歴史が利用されることを、マナゴ氏は同じ記事で「ハイジャックされたようだ」と表現しています。

もちろん、すべての黒人同性愛者（とされる人々）がこう感じているわけではありません。たとえば、二〇〇〇年にアメリカで行われた黒人同性愛者のイベント「ブラック・ゲイ・フェスティバル」では、一三五七名の調査対象者のうち、65・8％が自分のことを「ゲイ」だと答えたそうです〈10〉。自分が「SGL」であると答えた人の割合は、10・2％でした。

ただ、白人文化の中で生まれた「ゲイ」とか「レズビアン」とか「同性愛者」といった言葉しか選べないよりは、黒人文化の中で生まれた「SGL」という言葉を名乗れる選択肢をつくろう、ということで広まった言葉であるようです。

トゥー・スピリット、そしてSGLと、「同性愛者」と名乗らされることを拒否するふたつの例をご紹介してまいりました。また先にご紹介したシワ・オアシスやレソト王国のように、そもそも同性愛者という名前が必要とされなかった社会の例もありますね。

しかしながら、本書を執筆している現在の国際社会で圧倒的に優勢なのは、やはり一部の人々を「同性愛者」と呼んで区別する考え方でしょう。ホワイトハウスはＬＧＢＴ特設ページを設け、その中でレズビアン・ゲイの権利について書いています。国連もまた、同性愛者に対する迫害を人権問題として訴えており、国連広報センターは日本語でも「なぜなぞ：同性愛嫌悪に対する国連からのメッセージ」と題された動画を公開しています〈11〉。

それではいったい、どうしてこのような社会状況となったのでしょうか。どうして今あなたは『同性愛は「病気」なの？』と題されたこの本を読んでくださっていて、どうして今私は本まるごと一冊分の長文で同性愛者という概念について書いているのでしょうか。現代の国際社会において「同性愛者」という分類の仕方がこんなにも広まった背景には、実は、こんな歴史がありました。

ある、男を愛した男の死

「同性愛者」という言葉が生まれたのは、意外に最近のことでした。一八六八年、西欧で交わされた手紙の中でのことです。このとき生まれた「同性愛者」という言葉は、日本語を含む世界中の言語に訳され、百五十年以上の時と九千キロ近い距離を超えて今、このページにまで書かれています。その背景には、ふたりの人物の強い願いがありました。

ひとりは、ハンガリー人の少年、カール・マリア・ベンケルト。オーストリアで生まれた彼は、その後母国であるハンガリーに帰り、ブダペストの書店で見習いとして働いていました。一八三八年、彼が十四歳の時でした〈12〉。

そんなある日、ベンケルトの身に、生涯忘れがたい出来事が起こります。友だちだった男性が、たった二十歳で自殺してしまったのです。ただ、一通の手紙だけを残して。

ベンケルトに宛てたその手紙には、このようなことが書かれていました。

「自分は脅されている。金を払わなければ、自分が男性同士で恋愛関係にあったことをバラされてしまう。そんな屈辱には耐えられないし、かといって法に訴えることもできない……」

当時、男性同士の性行為は「自然に反する罪」であるとされていました。もし男性が脅迫を警察に訴え出れば、男性同士で恋愛にあったことを知られ、逆に「自然に反する罪」で有罪とされてしまう恐れがあります。それで警察に訴え出られないだろうということまでを見越して、わざと男性を愛する男性ばかりを脅迫するような人々がいたのです。

そんな人々に脅され、追い詰められて、ベンケルトの友だちは、永遠にこの世を去ってしまいます。このときベンケルトは、「あらゆる不正義に対して抗おうという本能的な衝動」を感じたのだと語っています〈12〉。

やがて時が経ち、少年だったベンケルトは、立派なおひげを生やした大人の男性に成長しました。書店見習いの少年だったベンケルトが闘うために手に取ったのは、剣ではなくて、ペンでした。ベンケルトはヨーロッパを旅し、作家としてのキャリアを歩み始めます。さまざまな国の人々と出会う中、ハンガリー人としての強い自覚から、彼は自分の名前を「カーロイ・マリア・ケルトベニ」というハンガリー風の名前に改めました。

ケルトベニは、オーストリア生まれのドイツ語力を生かし、ドイツ語圏を旅してまわりながら執筆活動を続けました。また、ハンガリー人としての誇りを胸に、ハンガリー文学を翻訳して広める活動も行っていました。そんな中で彼は、ある人物に出会うことになります。

「ベンケルト」改め、「カーロイ・マリア・ケルトベニ」を名乗るようになった後の肖像。一八六五年ごろの写真と思われる。

カール・ハインリヒ・ウルリヒス。同性愛が「自然に反する罪」であるとされていた当時、同性同士が愛し合う自由を賭けて闘った、ドイツの男性法学者です。

びしっとスーツを着込み、自信にあふれた表情のウルリヒス。彼は、現代日本の言葉で言えば「同性愛者」でした。しかしながらウルリヒスの時代には、まだ「同性愛者」という考え方は存在していませんでした。世の中には、「同性愛者」などという人間はいない――すなわち、人間はみな異性と生殖のための性行為をするように生まれついており、それにもかかわらず生殖を目的としない性行為を行うのは単なる犯罪行為だ、と考えられていたのです。

カール・ハインリヒ・ウルリヒスの肖像画写真。世界初の「カミングアウト」をした人物ではと言われている。

当時の法律、プロイセン刑法の第一四三条にはこう書かれています。

自然に反する性行為は、男性同士のものであるにしても、人間と動物の間のものであるにしても、六か月間から四年間の禁固刑、さらには市民権の剝奪をもって処罰する。

ご覧の通り、男性同士の性行為と獣姦（じゅうかん）とがまとめて「自然に反する性行為」と呼ばれ、犯罪扱いされています。

「じゃあ女性同士ならいいの?」って突っ込みたくなってしまいますが、そういうわけでもないようでした。たとえば一七二一年には、カタリーナ・マルガレータ・リンク（※リンケンとする資料も）という当時二十七歳の女性が、家庭外では男性を装って二十二歳の女性と結婚生活を送っていたところを見つかり、死刑にされています〈13〉〈14〉。現代日本の言葉で言う同性愛者は、「本来なら異性と愛し合うのが自然なのに、それに逆らう犯罪者である」と考えられていたのです。ベンケルト（ケルトベニ）の友だちが恐喝され、自殺に追いやられてしまったのも、こうした社会状況が引き起こした悲劇でした。

そこに、ウルリヒスは立ち向かっていきました。「人間は全員異性と愛し合うのが自然だ」という当時の常識に、こんな反論をしてかかったのです。

「同性と愛し合うよう生まれつく人間だっている!」

一八八四年、ウルリヒスは、自らの考えを「男性間の性愛についての人類学的研究」という論文にまとめて発表します〈15〉。自分と家族の身に危険がおよばないよう、ヌマ・ヌマンティウス（Numa Numantius）というペンネームで素性を隠して。

その論文の中でウルリヒスは、現代日本でよく言われるところの「心の性・体の性」というような考え方を提示しました。つまり、「人間には男の体と女の心を持って生まれる人もいて、そういう人々にとって男に恋をすることはまったく自然なことだ」と彼は言うのです。

おそらくこの「男の体に女の心」という表現は、ウルリヒスが自分自身のことを説明しようとしたものでしょう。ウルリヒス自身もまた、子どものころは女の子と遊ぶのが好きで、「女の子になりたい」と言っていたようです〈16〉。やがて大人になったウルリヒスは、（資料でわかる限りでは）ひげを生やして男性名を名乗っています。男として生き、女のように恋をする。そんな自分のあり方を、ウルリヒスは「男の体に女の心」と表現したわけです。

異性愛がふつうで、男性同士の性行為が「自然に反する罪」だとされる中、ウルリヒスはなんとか「自分が男性に惹かれるのは自然なことだ」と訴えようとしたのでしょう。ということでウルリヒスは、自分自身をふりかえり、「男の体に女の心を持って生まれつく人間」という発想にたどりついたのですね。

しかしながらウルリヒスは、やがて自身の間違いに気づいていくことになります。多くの人々との出会いの中で、「男と恋する男が女の心を持っているとは限らない」ということを実感したのです。

「自分みたいに女っぽいわけじゃなくても、男と恋する男はいるんだな」
「女っぽい女同士で付き合う人や、男とも女とも付き合う人もいるんだな」

十人十色のありようを前に、ウルリヒスは「男性同性愛者＝男の体に女の心」という自分の主張を改めざるをえませんでした。

ともあれ、法学者であったウルリヒスの主目的は、男性同士の性行為を「自然に反する罪」と呼ぶプロイセン刑法第一四三条を改めること。ウルリヒスは、「同性を愛するように生まれつく人もいる」という発想からは離れないまま、人間を次のように分類していきます。

ウルニング……同性愛者

ウラノディオニング……両性愛者

ディオニング……異性愛者

※以上は、すべて男性を指す表現。ドイツ語には男性形と女性形があるため、女性の場合はそれぞれ**ウルニンギン／ウラノディオニンギン／ディオニンギン**となります。

なんだかモンスターの名前か何かみたいですが、これらは実は由緒正しきギリシャ神話由来。切り取られた男性器から愛の女神を誕生させた天空神・ウラノスになぞらえて、男性同性愛者を「ウルニング（ウラノスの子ども）」と呼んだのです。

勢いづいたウルリヒスは、ある決意をします。逃げも隠れもせず、堂々と人前に出て、カミングアウトして自分の考えを話そう、と……。同性愛が「自然に反する罪」と呼ばれた時代に、同性を愛するよう生まれついたウルニングたちの存在を、彼は自分の身をもって知らしめようとしたのです。

ウルリヒスは決意を胸に、ウルニングたちの存在を訴える論文を書き上げました。その論文にはもはや、「ヌマ・ヌマンティウス」という偽名は使われていませんでした。カール・ハインリヒ・ウルリヒスという、彼自身の本当の名前で書かれた論文を、ウルリヒスは自分自身の声で発表すべく、ミュンヘンでのドイツ法学会に向かいました。一八六七年八月二十九日。それは、夏の終わり、彼が四十二歳の誕生日を迎えた翌日のことでした〈17〉。

「〝自然に反する罪〟などない！　刑法第一四三条を撤廃すべきだ！　われらウルニングにとって、同性を愛することは生まれつきの自然なことなのだ！」

学会の論壇に立ち、熱く訴えるウルリヒス。しかし、聴衆たちは彼を笑い、からかい、ヤジを飛ばしてバカにしました。それでも演説をやめようとしないウルリヒスは、ついに怒鳴りつけられ、最後まで話をすることすら許されませんでした〈18〉。こうして、ウルリヒスの勇気あるカミングアウトは、怒声(どせい)と嘲笑(ちょうしょう)にかき消されてしまったのです。

そんな彼のことを、ちゃんと見ている人がいました。ケルトベニです。子どものころ、大事な友だちを自殺に追いやられ、同性愛を〝自然に反する罪〟とする刑法一四三条と闘おうと誓った、あのケルトベニはウルリヒスのことをちゃんと見ていたのです。頑固者で正義感の強いウルリヒスは、同性愛だけでなく宗教的マイノリティや女性の権利のためにも闘い、警察に捕まって牢屋に入れられたりすることもあったそうです。そんな彼の不器用な姿を、不正義と闘うべく作家になったケルトベニは、「自分とは違うタイプだけど同じ志を感じるなぁ」というような思いで見ていたのでしょうね。

それからのことでした。「同性愛者」という言葉が生まれる、歴史的な瞬間がやってきたのは。

「同性愛者」というカテゴリーの誕生

一八六八年五月六日、ケルトベニはウルリヒスに宛てて手紙を書きます。ウルリヒスが「ウルニング」だなんてちょっとカッコよすぎる名前で同性愛者を呼んでいたのに対し、ケルトベニはもうちょっとシンプルな言葉づかいをしてみせました。ギリシャ語で「同じ」を意味する「ホモ（Homo）」と、ラテン語で「性」を意味する「セクスス（Sexus）」を組み合わせ、「Homosexual（同性愛者）」という言葉をつくり出したのです。さすが、語学に長けた言葉のプロのやることです。同じ要領で、ケルトベニは「Heterosexual（異性愛者）」という言葉もつくりだしてみせました。

続いてケルトベニは、この「同性愛者」という言葉を使い、一八六九年に刑法一四三条反対を表明する文書を発表しました。匿名での発表でしたが、その中には、自殺した友だちを想い「刑法一四三条は恐喝や自殺を誘発する」と書くことを忘れませんでした。これが、文献に残っている限りでは、人類史上はじめて「Homosexual（同性愛者）」という言葉が公式に使われた瞬間です〈19〉。

ウルリヒスとケルトベニが声をあげる前には、同性愛者にも異性愛者にも名前がありませんでした。ただ、人間はみんな「異性を愛する人たち」とされ、たまに「自然に反する罪」を犯す、と考えられただけだったのです。

ですが、そんな常識にウルリヒスとケルトベニが挑戦していく中で、「同性愛者／異性愛者」という概念がやっと生

ハンガリー国立セーチューニ図書館所蔵、ケルトベニがウルリヒスに宛てた手紙。中央のハイライトされた部分に「Homosexual」とある

まれてきました。もっとも、頑固なウルリヒスのほうは、ケルトベニが「同性愛者／異性愛者」と書くのを無視して意地でも「ウルニング／ディオニング」と呼びたがっていたようですが。

さて、こうして「同性愛者／異性愛者」という境界線が生まれはしたものの、ケルトベニには、ある悪い予感がありました。ウルリヒスが主張する「同性愛は生まれつきのものだ！」とか「自分たちウルニング（同性愛者）は、ディオニング（異性愛者）とは違うカテゴリの人間なんだ！」といった考え方が、また新たな対立を生んでしまうのではないかと危惧（きぐ）したのです。

「ウルニング（同性愛者）はディオニング（異性愛者）とは違うのだ」と訴えるウルリヒスとは対照的に、ケルトベニは、「あくまで同性愛者も異性愛者もみんな同じ人間だ」という立場に立っていました。同じ刑法一四三条反対派であっても、ウルリヒスは「生まれつきなんだから罰するべきじゃない」、ケルトベニは「お互い合意のことで他人に迷惑をかけていないんだから罰するべきじゃない」という考え方の違いがあったわけですね。たとえばケルトベニは、このように述べています。

「（同性愛者が）生まれつきだと証明すること……それは危険な、諸刃の剣である。（中略）生まれつきのものであるか否かに関係なく、十四歳以上の個人が双方同意の上で行うことに、国家はそもそも介入する権利がないのだ。それがプライベートなことであり、第三者の権利を侵害しないかぎりは」〈20〉

「生まれつきのことだから罰するべきではない」という論理にしてしまうと、生まれつきではない人たちが守られなくなってしまいます。それに、生まれつきの人たちを見下すような視点も出てきかねませんし、同性愛が生まれつきであるという証拠探しも始まってしまいます。「われらウルニング（男性同性愛者）は、生まれつき男の体と女の心を持っているのだ」——そう述べるウルリヒスの理論を、ケルトベニは「諸刃の剣」だと言いました。おそらく、この理論が引き起こす、「同性愛者は生まれつき劣った存在だ」とか「生まれつきの同性愛者じゃなければ偽物だ」とでもいうような偏見を予感していたのでしょう。

そして一八七一年、ウルリヒスとケルトベニに残酷な現実が突きつけられます。彼らが必死に抗ってきた刑法一四三条は、ドイツ帝国建国にともない、ドイツ刑法典に刑法一七五条としてそのまま引き継がれてしまったのです。

第一七五条　自然に反する淫行

自然に反する性行為は、男性同士のものであるにしても、人間と動物の間のものであるにしても、六か月間から四年間の禁固刑、さらには市民権の剝奪をもって処罰する。

ケルトベニは祖国ハンガリーに戻り、五十八歳の若さで生涯を終えました。ウルリヒスもまた、病に苦しみながらイタリアへ亡命し、二度と故郷には戻れぬまま六十九歳でこの世を去ります。

ついに果たされなかった、同性愛非犯罪化という夢。タイミングの悪いことに、世は帝国主義の時代でしたから、「同性愛は自然に反する罪だ！」という考え方はドイツ帝国の勢力に乗って広まっていってしまいます。西のフランス、北のデンマーク、東のポーランドといった国々の一部までが、同性愛を犯罪とする刑法一七五条の支配下に置かれました。加えて、直接ドイツ帝国の勢力下にあったわけではないものの、イギリス帝国もまた同性愛犯罪化の流れを広めていきました。遠く離れた日本でも、一八七三年に「鶏姦罪」という名前で男性同士の性交が犯罪化されています。

恐喝され、密告され、嘲笑され、投獄され、職を失い、家族を失い、故郷を追われ、そして、生きる場所をなくしていく——。ウルリヒスが、そしてケルトベニが守ろうとした人々は、刑法一七五条のもと、終わらない悪夢に苦しむことになりました。その中には、自ら命を絶ってしまった人々も少なくなかったことでしょう。同性愛をバラすと恐喝され、法に訴えることすらできずに自殺した、あの日のケルトベニの友だちのように。

だけれどもウルリヒスとケルトベニは、後世の人々に武器を遺していきました。
百五十年後の今も残る、「同性愛者」というこの言葉を。

かつてケルトベニが諸刃の剣と呼んだ、「同性愛者」という概念を。

この言葉の剣が後世の人々によってどう使われ、そしてどんなものを切り拓いていったかは、第2章に続くお話です。

第2章

「犯罪」とされた同性愛

(1871-)

第1章では、同性愛者／異性愛者という区別が決して絶対的なものではないということ、そして、一八六八年に「同性愛者」という言葉が生み出されるまでの物語をお話してまいりました。この「同性愛者」という言葉は、自らの身をもって同性愛者の存在を知らしめようとしたウルリヒスと、自殺に追いやられた友だちを想って同性愛を非犯罪化しようとしたケルトベニの強い想いがあってこそ生まれたものです。

しかし、同性愛非犯罪化という目的はついに果たされないまま、ウルリヒスとケルトベニはこの世を去ってしまいます。生前のケルトベニが「諸刃の剣」と表現した、「同性愛者」という概念を遺して。

「同性愛は、本当に〝自然に反する罪〟なのか？」

果たされなかった遺志を継ぎ、ウルリヒスとケルトベニの後の世代の人々は、いったいどのように同性愛の非犯罪化に挑んでいったのでしょうか。そして、「同性愛者」という概念が誕生した後、人々はどんな同性愛診断法を編み出していくことになったのでしょうか。第2章では、同性愛者とそうでない人の間に生まれつきの違いがあるのかどうかという探求の歴史、そして、ウルリヒス亡きあとに同性愛の非犯罪化を目指した人々の物語をお話していきます。

同性愛の理由を「からだ」に探す

さて、まずは第1章を振り返ってみましょう。同性愛非犯罪化を目指したウルリヒスとケルトベニは、目指すものこそいっしょでも、その戦略に大きな違いがありました。

ウルリヒス

- 同性愛者は、異性愛者とは違う種類の人間である。
- 同性愛者にとっては同性を愛することが自然なのだから、それを罰するべきではない。

ケルトベニ

- 同性愛者も異性愛者も、同じ人間である。
- 成年が合意の上で行っているプライベートなことに、国家が口出しすべきではない。

あなた自身は、どちらの意見に近いと思いますか？　少なくともウルリヒスとケルトベニの死後は、ウルリヒス派が優勢になっていきました。同性愛が犯罪とされていた状況下、「プライベートなことに口出しすべきじゃないよ」というケルトベニの論理は、こんな一言でサラッと片づけられてしまうものだったのです。

「でもそれ、犯罪じゃん？」

これでは、お話になりませんね。ということで、同性愛の非犯罪化のためには、「そもそも人間はみんな異性を愛するように生まれつく」という前提をまず覆す必要がありました。同性愛は選択的な行為ではなく、生まれつきの特性だ……ということにしなければならなかったのです。

そこで、「同性愛者は生まれつき、そうでない人と体が違う」と考えた人々のことを三例ご紹介していきます。

診断法1

ブームにかき消された「同性愛者は脳で見分けられる説」

精神科医、リヒャルト・フォン・クラフト＝エビング男爵。名前だけでなんかすごそうな彼は、一八八六年、『プシコパシア・セクスアリス』というこれまたカッコいい名前の学術書を出版します。しかも、ラテン語で。

そんな彼は、ただのカッコつけではありませんでした。ウルリヒスと同じく、クラフト＝エビングもまた、刑法一七五条のもとに苦しむ同性愛者たちを助けようとしていたのです。

精神科医であった彼のもとには、恐喝・投獄・追放の恐怖におびえ、「異性愛者になりたい」と泣きつく同性愛者たちが訪ねてくることも少なくありませんでした。彼らの苦しみを目の当(ま)たりにしたクラフト＝エビングは、

リヒャルト・フォン・クラフト＝エビング男爵。
性科学の父とも言われる。

いつも心を痛めていました。
そこで彼は、ウルリヒスの戦略にのっとり、「同性愛は生まれつきだ」と訴えていきました。法学者ウルリヒスが男性同性愛者のことを「体は男、心は女」と表現したのに対し、医師であったクラフト＝エビングは、もうちょっと医学っぽく「体は男、脳は女」という説を提唱したのです。同性愛は、胎児期に起こる脳の異常が原因である。生まれつきのものなのだから、罰するべきではないのだ——それが、『プシコパシア・セクスアリス』を書いたクラフト＝エビングの胸の内にあったことでした。

同性愛について書くにあたり、クラフト＝エビングはある作戦をたてました。誰にでも読めるようにしてしまっては、ゲスな興味やスキャンダル扱いを避けることができないだろう。あくまで真面目（まじめ）な議論にとどめるため、わざと難しい学術用語を使いまくり、しかも学者かなんかじゃなければ読めないラテン語で書いてやろう。こうすれば、ゲスなやつらには読めないはずだ……そういうことで、クラフト＝エビングは『プシコパシア・セクスアリス』なんていうわかりにくいタイトルを付けたのでした[1]。

ところが、クラフト＝エビングの狙いは見事にスベってしまいます。天才すぎたのかなんなのか、『プシコパシア・セクスアリス』は学術書としては異例の大ヒット作になってしまったのです。こうなると、もはやラテン語で書いた意味はありません。一九一三年には日本語版まで発売され、日本中に思いっきり大ブームを巻き起こしてしまいました。しかも、よりによってこんなタイトルで。

『変態性慾心理』〈2〉

ということで、自分の本が一般大衆に読めないようにというクラフト＝エビングの狙いは見事に外れ、のちに「変態ブーム」と呼ばれる大正時代の一大流行をつくりだしてしまいました。これは、日本において、同性愛者が「変態」の枠組みのもとに語られるようになったきっかけの出来事です。

また、クラフト＝エビングが医師であったことも裏目に出て、大正時代の日本では同性愛についてこんなふうに書かれるようになってしまいました。

「医学上より言えば、同性愛は脳の異常より来たる、精神病的感情であるが為めに、異性愛よりも強烈にして、其の感情は極めて偏傾しやすくある。例へば失恋に於いても、又は嫉妬に於いても、それが異性愛に於けるよりも、更に強烈にして、之れがために刑事問題を惹起することが、比較的に多くある。」〈3〉

大変です。クラフト＝エビングさん、完全に逆効果です。大正時代の日本では、なにが「医学上より言えば」なのか出典すら示さないまま、同性愛を「脳の異常より来たる、精神病的感情」と言い切り、しかも「同性愛のせいで刑事問題まで起こるよ！」などと同性愛非犯罪化とは正反対を行く本が出版されちゃうような事態が発生しています。

クラフト＝エビング本人がこのことを知ったら、やっぱりこう言ったでしょうか。

「これだから一般人には読まれたくなかったんだよ……」

そんな態度を取らないで、誰にでもわかりやすく書いていれば、もしかしてこんな事態は避けられたんじゃないかしらと正直私は思います。クラフト＝エビング自身はとにかく、「同性愛は脳に起因する生まれつきのことだから罰するべきじゃないよ」と言いたかっただけなのです。

がともあれ、この「同性愛者は脳で見分けられる説」、あくまで仮説の域を出ないものでした。クラフト＝エビング自身は、実際にメスを持ってヒトの脳を調べようとはしなかったのです。ただ、同時代の人々の中には、実際にヒトの体を切り開いて同性愛の原因を探そうとした人もいました。続いてご紹介しましょう。

診断法2 人体実験にまでエスカレート、「同性愛者は精巣で見分けられる説」

「同性愛を治すために、きんたまを移植します!!」

何言ってんのって感じですが、恐ろしいことにこれは、人類史上本当に行われてしまった手術のお話です。オーストリアの科学者、ユージン・シュタイナッハ。彼は、異性愛者になりたいという男性同性愛者に対し、異性愛者の精巣（俗に言う「きんたま」）を移植する手術を行ったのです〈4〉。

「きんたま」を移植する手術を行ったユージン・シュタイナッハ。

男性同性愛者について、ウルリヒスは「心が女」と言いました。クラフト＝エビングは「脳が女」と言いました。それに続き、内分泌学者であったシュタイナッハは、こんな新説をぶっ込んできたというわけです。

「生殖腺が女っていうか、男らしさが足りないんじゃない？　ってことは男らしいきんたまを入れれば、女を好きになるんじゃない？」

シュタイナッハはまず、オスのモルモットとメスのモルモットで動物実験を行うことにしました。オスのモルモットに卵巣を、メスのモルモットに精巣を移植して、どういう行動をとるか観察したのです。その結果、オスはメスらしく、メスはオスらしくなったとシュタイナッハは主張しました。オスのモルモットの乳首からは母乳が出たし、メスのモルモットはクリトリスをペニスのようにふくらませて他のメスを追い回したというのです〈5〉。

このことをヒントに、シュタイナッハは考えました。

「セックスしても精子が出ないようにすれば、男性ホルモンが体の外に出ちゃうことがないから、男はめっちゃ男らしくなれるんじゃないかなぁ？」

ナナメ上の発想です。オナ禁もスーパー科学者の手にかかればこうなります。というわけでシュタイナッハは、男性の精管（精子を出すための管）をブロックすることにより、男性の体の中に男性ホルモンが残るような手術を考え出しました。たった十五分で終わるこの手術は、男らしくありたい男たちの間で大人気となり、一時は「シュタイナッハった（got Steinached）」なんて言い方までされていたといいます。ちなみにこの手術、有名精神科医のジークムント・フロイトまで希望して受けたのだそうです〈6〉。

一九二〇年代、悩める男子たちのスーパーヒーローとなったシュタイナッハ。そんな彼は「同性愛を非犯罪化しよう」というよりも、「同性愛？　手術で治せちゃうんじゃない？」という立場をとりました。女っぽい男性同性愛者には、男性ホルモンをガンガン出す細胞を移植すれば、きっと脳まで男らしくなって女を愛せるに違いないのだ！（ピコーン）というわけです。

やがてシュタイナッハは、「同性愛者のきんたまと異性愛者のきんたまは構造から言っても違うんですよ」みたいなことまで言い出しました〈7〉。具体的に言えば、男性ホルモンを放出する間質細胞（ライディッヒ細胞とも呼ばれる）が、異性愛者では正常だけれども、同性愛者では異常だというのです。

そんな自説を証明したくて、うずうずしていたシュタイナッハさん。さっそく異性愛者になりたい同性愛者を募集し、自分の理論を他人のからだで実際に試してみることにしました。

だけれども、ここでひとつ問題にぶちあたります。

異性愛者になりたがっている同性愛者から、〝同性愛的なきんたま〟を取ってしまうことはかまわないだろう。

でも、それじゃあ、いったい誰が、そのあとに入れるための〝異性愛的なきんたま〟を提供してくれるっていうんだ……？

シュタイナッハは考えに考え、そしてある結論にたどりつきました。
「性犯罪者のきんたまを取っちゃえばいいじゃん？」〈8〉
なかなかのご名案です。罪を犯した側の人権とか、移植を受ける人たちの心情とか、もうすっきりさっぱりにっこりガン無視です。
手術を終えたシュタイナッハのほうは、一九一七年、「私の手術で同性愛が治りました！」と発表するに至りました。ですがその後、そもそも移植後の拒絶反応が出てしまい、手術を受けた人たちのほうから「効果がなかった」と暴露されてしまったのだそうです。

診断法3

「同性愛者は直腸で見分けられる説」

イタリアが誇る脳科学者であり、精神科医であり、小説家であり、また人類学者でもあった人物、パオロ・マンテガッツァ。たった二十三歳で博士号を取得した彼は、あのダーウィンとも仕事をともにし、「人間は神が創ったんだよ!!」って言っている人がほとんどの時代に「いやいやいや、サルから進化してきたんだよ」っていう進化論を築く手助けをしました。

が、そんな優秀で反骨心あふれるマンテガッツァも、当時のヨーロッパをもや～っと覆っていた同性愛嫌悪に対しては抗おうとしなかったようです。マンテガッツァの生まれ育ったイタリアにも、ドイツ帝国の刑法一七五条のように、男性間の性行為だけを罰する法律がありました。そういった社会状況に影響されてのことか、マンテガッツァはその著書で「美人同士のレズビアンはいい。

パオロ・マンテガッツァの肖像。コカインの研究にも熱心だった。

でもゲイはやだ」みたいなありがちなことを言っています。「私は若くて美人な女の子同士のカップルを知っている。片方は金髪碧眼で、片方は黒髪だ。すごい熱愛っぷりだ」などとやたら詳しく書いたたった数ページ後に、突然「心理学的に言って男性同士の恋愛はもっとも恐ろしいものである」と述べているのです〈9〉。

優秀な学者であったマンテガッツァも、男性同性愛については、ろくな根拠も示さないままこんな説明をしています。「男性同性愛は、解剖学的なもの・性欲まみれのもの・精神的なものに区別できる」「解剖学的に言って、男性同性愛者は、本来しかるべきところに分布するべき性感帯が直腸に集中してしまっているがために同性愛にふけるのだ」

何を根拠に言っているのか、マンテガッツァは出典も研究結果も示していません。人類学者らしく、ある男性同性愛者の口述記録を紹介してはいるのですが、その前にも「不運な読者がこれを読んで気分を害するかもしれないが」などと余計な前置きを付けています〈9〉。そもそも彼は解剖学者ではありませんでしたし、おそらく解剖学的研究も行わないまま「ゲイの直腸は解剖学的に性感帯」などと書いてしまっているのでしょうね。

また、マンテガッツァの説にはこんなツッコミもできます。

「直腸が性感帯っていうだけじゃ、なぜそれを男性に刺激してもらわきゃいけないのか説明がつかないじゃん」

が、マンテガッツァほどの高名な学者が「〇〇学的に言うと……」なんて書いたら、なかなかスルーはされにくいものです。この説は日本にまでも届き、昭和文学の大家・稲垣(いながき)足穂(たるほ)の作品にも登場しています〈10〉。

クラフト＝エビングの「脳で見分けられる説」、シュタイナッハの「精巣で見分けられる説」、そしてマンテガッツァの「直腸で見分けられる説」をご紹介してまいりました。今までは、男性同士の性行為だけが犯罪として明文化されていた時代状況をふまえ、男性同性愛者についてお話してきましたが、女性同性愛者についても、同時代に生きたフランスの精神科医ヴァランタン・マニャンが「女の体に男の脳が入ってるんだよ！」説を提唱しています〈11〉。

だけれども、こうして「同性愛者は生まれつき体の一部が違う」っていうことにしてしまうと、「じゃあそこを手術して治せばいいじゃん？」という話になってしまうんですよね。「それならば犯罪者扱いをやめましょう」じゃなくて。シュタイナッハのきんたま移植手術に始まり、後世には、同性愛者とされた人を無理矢理去勢したり、脳を手術して廃人状態に追いやったりと、「同性愛治療」と称した恐ろしい手術が続いていってしまうことになりました。

このような事態は、同性愛者を「生まれつき他とは違う種類の人々」と考えることの危険性として、すでにケルトベニが指摘していたことです。けれども、「人間はみんな異性愛者として生まれつく」という前提にある限り、同性愛が「やめさせるべき犯罪行為」とか「正常な状態にあれば異性を愛せるはずの人間の逸脱行為」だと言われてしまうことは避けがたいことでした。

こんなジレンマの中にあって、別のアプローチを試みた人物もいました。同性愛の理由を、生まれつきの「からだ」の特徴ではなく、生まれたあとの「こころ」の発達に探そうというのです。

同性愛の理由を「こころ」に探す

心理学に興味がある人ならば、フロイトという名前を聞いたことがあるでしょう。オーストリアの精神科医で、「精神分析の父」とも呼ばれる、ジークムント・フロイトのことです。

同性愛者を自認する人の中には、フロイトを悪者扱いする人もいます。私もそのひとりでした。同性愛を「性的倒錯」と呼ぶ風潮は、フロイトが著書で繰り返しそう書いたことで広まったからです。

「同性愛って異常でしょ？」

「本当の愛じゃないんじゃないの？」

そういうことを私に言ってくる人たちは、みんなフロイトに毒されているんだと思ったのです。

が、実はフロイトも、フロイトなりに同性愛の非犯罪化に向けて戦っていました。一九三五年には、ある女性からの「ウチの息子が男性ばかりに恋しちゃうみたいで困ってるんです。どうしたら治せますか？」みたいな相談に答えて、こんな手紙〈12〉を書いています。

「精神分析の父」と呼ばれる、ジークムント・フロイト。

お手紙、拝読しました。あなたの息子さんは同性愛者だそうですね。私が一番気に

FREUD, SIGMUND

OF. Dr FREUD

WIEN, IX., BERGGASSE 19.

April 9th 1935

Dear Mrs [redacted]

I gather from your letter that your son is a homosexual. I am most impressed by the fact that you do not mention this term yourself in your information about him. May I question you why you avoid it? Homosexuality is assuredly no advantage, but it is nothing to be ashamed of, no vice, no degradation, it cannot be classified as an illness; we consider it to be a variation of the sexual function produced by a certain arrest of sexual development. Many highly respectable individuals of ancient and modern times have been homosexuals, several of the greatest men among them (Plato, Michelangelo, Leonardo da Vinci etc). It is a great injustice to persecute homosexuality as a crime, and a cruelty too. If you do not believe me, read the books of Havelock Ellis.

By asking me if I can help you, you mean I suppose if I can abolish homosexuality and make normal heterosexuality take its place. The answer is, in a general way we cannot promise to achieve it. In a certain number of cases we succeed in developing the blighted germs of heterosexual tendencies which are present in every homosexual, in the majority of cases it is no more possible. It

フロイトが相談者に宛てた手紙。

なったのは、あなたが息子さんについてお書きになるにあたり、この「同性愛者」という単語を避けていらっしゃることです。一体なぜ避けるのか、お伺いしてもよろしいでしょうか?

確かに同性愛には有利なところがないかもしれません。しかし同性愛は、恥ずべきことでも、悪いことでも、劣ったことでもないのです。同性愛は、病気ではありません。私どもは同性愛について、性的発達の過程に起因する、性機能のバリエーションのひとつだと考えております。

古代、また現代においても、偉大な人物が同性愛者であったことは珍しくありません(プラトン、ミケランジェロ、レオナルド・ダ・ヴィンチなど)。同性愛を犯罪として罰することは、たいへんな不正義であり——そして、残酷なことです。

(筆者による抄訳)

なんという内容でしょうか。私はフロイトの墓に向かって土下座したい気持ちになりました。今まで悪者扱いしてごめんなさい、と。

確かに、フロイトが同性愛を「性的倒錯」と呼んだことや、フロイトが精神科医であったことは、同性愛を一種の精神的な異常とみなす風潮に手を貸したかもしれません。けれども、それはフロイトの理論が同性愛を異常とみなしたい人々に利用されただけのことであって、フロイト自身は「同性愛は病気ではない」「バリエーションのひとつだ」と明言していたのです。

フロイトは、「すべての人間が異性を愛するように生まれつく」という理論に代わり、「すべての人間はなにに性欲を向けるのか定まらない状態で生まれてくる」と提唱しました。この「なにに性欲を向けるのか定まらない状態」のことを、フロイト用語で「多形倒錯」と呼びます。その中で、異性を愛するように発達する人もいれば、同性を愛するように発達する人もいるんだよ……というのが、彼の考えでした。

一九〇五年、フロイトは、今も読み継がれる大作『性欲論三篇』において高らかにこう宣言しています。同性愛者たちのことを、そうでない人間とは違う種類の集団として区別することには、断じて反対する、と……。「同性愛者は生まれつき他と違う人間だから認めましょう」っていうウルリヒス派の考えよりも、「同性愛者だってみんなと同じ人間だから尊重し合いましょう」っていうケルトベニ派の考えの方に、どちらかというとフロイトは賛同していたわけですね。

同性愛の非犯罪化を目指しながらも、ウルリヒスとケルトベニは志半ばで亡くなりました。それでは、「同性愛者は生まれつき他と違う」と訴えるウルリヒスの活動を継いだのは、いったい誰だったのでしょうか。ある意味では、第2章のはじめでご紹介した、同性愛の理由を「からだ」に探そうとした人たちがそうだったのかもしれません。

ですがここでは、そうした「ウルリヒス・チルドレン」たちの中でも、特に生涯をかけて闘ったある人物に焦点を当てていきます。歴史のいたずらか、驚くほどウルリヒスに似た生涯をたどった、あるひとりの人物に。

同性愛が「第三の性」とされるまで

一八七一年。ウルリヒスの努力むなしく、同性愛を犯罪とする刑法一七五条が制定されたころ、ドイツ帝国の端っこでは、ある男の子がよちよち歩きをはじめていました。マグヌス・ヒルシュフェルト。ウルリヒスより四十三歳も年下のこの男の子は、これから、ウルリヒスが果たせなかった夢を追って生きていくことになります。

裕福なユダヤ人の家庭に生まれたヒルシュフェルトは、七人兄弟の六番目。父親のヘルマンは、町の人々を伝染病から救おうと熱心に働き、名誉市民に選ばれるほどの偉大な医師でした。患者たちのために一日中働き、貧しい病人からはお金を受け取ろうとしない……そんな父親の背中を見て、また母親フレデリカの愛情にも包まれながら、ヒルシュフェルトはすくすくと育っていきました〈13〉。

やがてヒルシュフェルトも、一人前の医師に成長。ひとり立ちして、ドイツ帝国首都・ベルリンに住むようになりました。当時、二十八歳。医師として歩き始めた彼の胸はきっと、こんな希望でふくらんでいたことでしょう。

「きっと自分も父さんみたいに、人の命を救うんだ！」

ところがまもなくして、ヒルシュフェルトの身にこんな出来事が起こります。彼のもとに患者として訪れた男性軍人が、頭を撃ち抜いて自殺してしまったのです。

もうあなたはお察しのことでしょう。軍人は、同性愛者でした。

本当に愛した男性と暮らせば、いつか見つかって犯罪者になってしまう。かといって、世間体のために女性と結婚しても、きっと彼女を愛しぬくことはできないのだろう。これから自分は女性と抱き合い、子どもをつくり、よき父・よき夫を演じながら生きて行かなければならない。本当は愛する男性と生きたかったという、自分の気持ちを押し殺したままで……そんな葛藤の末に、ヒルシュフェルトの患者は拳銃自殺をしてしまったのです。女性との結婚式の、その夜のことだったそうです。

ヒルシュフェルトは、この軍人のような自殺者を二度と出すまいと決意しました。そして一八九六年、同性愛についての論考「サフォーとソクラテス」を発表します。サッフォーは古代ギリシャの女性詩人、ソクラテスは古代ギリシャの男性哲学者です。それぞれ同性と恋愛関係にあったことで知られるこのふたりを論文タイトルに据えたのは、きっと「同性愛は古代ギリシャからずっとあるものだ」「同性愛を犯罪だとすることは、サフォーやソクラテスのような偉大な人物をも失ってしまうことにつながる」という想いが込められたからでしょうね。

この「サフォーとソクラテス」は、かつてウルリヒスが匿名で書いてきたものの発展形のような内容でした。ウルリヒスが男性同性愛者を「男の体に女の心」と考え、それを「ウルニング」と名付けたのに対して、ヒルシュフェルトは人間をこんなふうに分類しています。

完全ウルニング（男性同性愛者）、完全ウルニンギン（女性同性愛者）
完全男性（男性異性愛者）、完全女性（女性異性愛者）
男性精神的半陰陽（男性両性愛者）、女性精神的半陰陽（女性両性愛者）

んっ？ っていう感じですが、要するにこれはウルリヒスによる「ウルニング（同性愛者）／ディオニング（異性愛者）／ウラノディオニング（両性愛者）」という分類をあらためて世に訴えたものですね。ウルリヒスと同じように、ヒルシュフェルトもこの論文をペンネームで発表し、自らの身に危険が及ばないようにしました。そのうえで、「同性愛者は生まれつきのものであるから罰するべきでない」と訴えたのです。

そこから一年後、ヒルシュフェルトはより具体的な行動に出ました。同性愛を犯罪とする刑法一七五条廃止を訴え、署名運動を始めたのです。ヒルシュフェルトのもとには、彼に賛同する仲間たちが続々と集まり、やがて「科学人道委員会」という団体になりました。同性愛は生まれつきであるという「科学的知見（とヒルシュフェルトが訴えたもの）」に基づき、同性愛者を自殺させない人道的な社会を目指す。同性愛は神の意思に反するとして罰する行為を「宗教的な正義」と呼ぶならば、彼らが目標としたものは、「科学的な正義」でした。

署名は成功しませんでしたが、ヒルシュフェルトも諦めません。ヒルシュフェルトは、科学人道委員会の武器となる科学的根拠を強固なものにするため、いろいろな理論を打ち出していきました。たとえば、次のようなものです〈14〉。

診断法 4

「同性愛者はお尻で見分けられる説」

同性愛は、生まれつき、胎児が男性の要素と女性の要素を両方持って発育することにより起こるものだ。男性同性愛者の体には女性の特徴が、女性同性愛者の体には男性の特徴がみられるはずだ。ということは、男性同性愛者は女性みたいにお尻が大きいし、女性同性愛者は男性みたいにお尻が小さいはずだ!

診断法5

「レズビアンは精子を、ゲイは生理の血を出すのでは説」

同性愛者の体は、そうでない人の体と比べると生まれつき違っているのだ。女性同性愛者の膣(ちつ)分泌液の中には精子が入っているかもしれないし、男性同性愛者のおしっこの中には生理の血が混ざっているかもしれないから、研究してみた方がいいのではないか。

……なんというか……その……、ヒルシュフェルトの必死さがうかがえる内容ですね。

こうした「同性愛者の体はそうでない人と違っている」という理論や、刑法一七五条のもとで起こっている実際のできごとについて、ヒルシュフェルトは一九〇四年に『ベルリンの第三の性について』という本にまとめます。そしてこの書籍こそが、「同性愛者は(異性愛者の)男とも女とも違う、第三の性をもった人々である」という価値観を広めていったのです。

執筆活動と並行して、ヒルシュフェルトは、刑法一七五条撤廃を訴える署名を何度も何度も提出し続けました。一八九七年、ヒルシュフェルトがはじめて署名運動を立ち上げた時、サインしてくれた人の数は二百人でした。そこから二十四年が経ち、一九二一年には、署名数はなんとその三十倍にもふくらんでいました〈15〉。

ここに署名してくれた人たちの顔ぶれが、またとっても豪華なのです。先にご紹介したクラフト＝エビングをはじめ、『ヴェニスに死す』を書いたトマス・マン、詩人のリルケに伝記作家のシュテファン・ツヴァイク、相対性理論を構築したアインシュタインまでもが署名に加わっていました。このような恵まれた人脈だけでなく、ヒルシュフェルトは豪華な研究所まで所有していました。性科学研究所と名付けられたその施設で、ヒルシュフェルトは研究や社会活動に励み、多くの人々の相談に乗っていました。

そんな彼の傍らには、いつも、カール・ギーゼという男性秘書がついていました。彼との関係について、ヒルシュフェルト自身は公にしなかったものの、ふたりは研究所で同居しており、一説には結婚同然の関係にあったといいます〈14〉〈15〉。

ヒルシュフェルトとギーゼは、お互い違うからこそぴったり噛みあう凸凹のふたりでした。裕福な医師の家庭で育ったヒルシュフェルトと、高校卒業も叶わなかった労働者階級のギーゼ。研究に没頭し、ファッションやインテリアにはまったく興味を示さないヒルシュフェルトに、ギーゼは似合う服を選び、家を飾ってあげていたのだそうです〈16〉。

こうしてヒルシュフェルトは、同性愛非犯罪化に向けて、多くの人々に支えられながら、着々と歩んできました。公私ともに順風満帆(まんぱん)な人生を歩んでいるかのように見えました。

しかし、ユダヤ人であったヒルシュフェルトは、やがて時代の荒波に巻き込まれていくことになります。

「殺せ！ ドイツ人の敵だ！」

一九二〇年九月、ミュンヘンで内分泌学の講義をしていたところを、ヒルシュフェルトは襲撃されてしまいます。殴られ、石を投げられて、彼はほとんど瀕死(ひんし)の状態にまで追いやられました。ヒトラーは彼をこう呼んだと言います。「ユダヤ人のブタ」、と。

ヒトラーが支持者を増していくにつれ、ユダヤ人であったヒルシュフェルトの居場所はなくなっていきました。かつてウルリヒスが演説を中断されても諦めなかったように、ヒルシュフェルトもまた、自らの信念を曲げることなく講演活動を続けていきました。殴られても、脅されても、笑われても、ヒルシュフェルトは同性愛の非犯罪化を訴え続けました。患者を自殺で亡くしてから、実に三十年近い月日をヒルシュフェルトは一途に歩いてきました。

そんなヒルシュフェルトが亡くなる前に見たのは、パリの映画館のスクリーンに映る炎でした。もうドイツには帰れなくなったヒルシュフェルトが、映画館でニュース映像を見ていたところ、他でもない彼自身の研究所が燃やされるシーンが放映されたのです。集めてきた資料。彼が書いてきた論文。かつてはたくさんの人々でにぎわった講堂に、秘書のギーゼと暮らした部屋。研究所がナチスの手で壊され、燃やされていくのを、ヒルシュフェルトはただ茫然と見つめていました。その目に涙があったかどうかは、歴史資料には書かれていません。

一九三五年五月十四日。六十七歳の誕生日を迎えた当日、ヒルシュフェルトは突然倒れ、そのまま亡くなってしまいました。ドイツに帰れなくなったヒルシュフェルトは、亡命先のフランスで再出発しようと考えていたようですが、新しい研究所の設立も、同性愛の非犯罪化も、ついに叶うことはありませんでした〈17〉。

やがて、ヒトラー率いるナチスドイツは、人類の歴史に消せない汚点を残すことになります。一九三九年、第二次世界大戦開戦。同性愛者たちが、刑務所ではなく、死の待つ強制収容所へ送られるようになった時代のはじまりです。

第3章

戦火の中の同性愛

(1938–)

同性愛は、犯罪行為ではない。人間はみな異性愛者として生まれつくとは限らず、中には「同性愛者」として生まれつく人もいるのだ――このように訴え「同性愛者」という概念を生み出していった人々には、ドイツ帝国の刑法一七五条をはじめ、同性愛を犯罪とみなす価値観に抵抗しようという意図がありました。つまり「同性愛は自然に逆らう犯罪行為などではなく、同性愛者である人々にとっての自然な行為なのだ」と言いたかったわけですね。

第1章と第2章では、そうした人々それぞれの物語をみてきました。

先陣を切って同性愛者であると名乗り出た法学者、ウルリヒス。

友人が同性愛を理由に恐喝され、自殺に追いやられ、そのような不正義を許すまいと筆を執った作家、ケルトベニ。

異性愛者になりたいと泣きつく患者たちを放っておけなかった、精神科医のクラフト＝エビング。

我が子の同性愛を〝治療〟できないかと悩む女性を諭し、「同性愛は病気ではない」と表明した精神分析の構築者・フロイト。

そして、「父のように人の命を救える人になる」と医師になるも、患者を自殺で亡くし、以来生涯を賭けて刑法一七五条と闘い続けたヒルシュフェルト……。

ここに名前を挙げたのは、ほんの一部の人々です。こうした人々の想いは、そして「同性愛者」という概念の誕生は、決して無意味なものではなかったでしょう。少なくとも同性愛者という言葉は、これを名乗る人たち同士の連帯を生み、これを名乗る人々の存在を知らしめ、同性に惹かれた人の孤独感・孤立感・不安感をすこしでも和らげることに貢献したと考えられます。

が、時代はまだまだ多くの同性愛者を死に追いやっていきました。それは西洋だけのことでも、男性同性愛だけのことでもありません。たとえば日本においても、一八七三年(明治六年)〜一九二六年(大正十五年)の記録に残る限り、女性同士のカップルが二十八組も心中しています〈1〉。互いが恋愛関係にあったとはっきりしているのは二十八組のみですが、はっきりしないケースも含めれば、実に百二十一組・二百四十二名もの女性たちが、女性ふたりで手に手をとって心中しているのです。

そして、一九三九年。第二次世界大戦を機に、同性愛者は各地で「国家の敵」とみなされるようになっていきました。ヒルシュフェルトを公私ともに支えた秘書のカール・ギーゼも、迫りくる戦火を前に、自ら命を絶ってしまいます。もう同性愛者を自殺させまいと生涯を賭けて闘ったヒルシュフェルトの、そのかたわらで共に闘い続けた人物であったにもかかわらず、ギーゼ自身もまた自殺をしてしまったのです。そんなギーゼの最期を、もしもヒルシュフェルトが空から見ていたならば、いったいどんな想いを抱いたことでしょうか。

考えただけで気分が沈むようですが、歴史から目をそらすわけにはいきません。第3章では、かつての「同性愛は犯罪行為」という考え方が、世界大戦を経てエスカレートしていく過程に目を向けていきます。国から、軍から、はては地球から、同性愛者という存在を見つけ出しては排除しようと編み出された同性愛診断法は、いったいどんなものだったのでしょうか。

ナチスの台頭と同性愛迫害

国家社会主義ドイツ労働者党――またの名を、ナチス。

この名を聞いたことのない人はめずらしいでしょう。

もともとドイツ帝国の一政党にすぎなかったナチスは、党の方針として、同性愛者を非常に敵視していました。どうしてナチスがそのような考えを持つに至ったのか、少しその背景に目を向けてみましょう。

当時のドイツ帝国は、第一次世界大戦を経て、国民の多くを失った悲しみに暮れていました。その犠牲者の数といえば、現代日本にたとえるなら三〜四県丸ごと皆殺しにされたくらいの莫大な数です。国内の被害も甚大で、人々は貧しく、政府も巨額の戦争賠償金を負わされており、ドイツ帝国はひとりでも多くの働き手を必要とする状況にありました。

そんな中、政権をとったナチスの思想がこんなものだったから大変です。

- 人間はいくつかの人種に分かれている。
- 中にはダメな人種もいるし、優れた人種もいる。
- もっとも優れた人種が、そのほかの人種を支配するようでなければならない。
- そして、その「もっとも優れた人種」とは、ゲルマン民族に多いアーリア人である。

一九三三年、ナチスが政権を手に入れ、アドルフ・ヒトラーがドイツの頂点に君臨すると、彼は首相官邸でこんな演説をしました。

「地球の支配権をめぐる白人、アーリア人の最後の戦いを開始することが自分の任務

である。（中略）……この地球は『人種戦争の勝利者に贈られる持ち回りの優勝カップ』に他ならない」〈2〉

なんだか仰々しいこと言っちゃってますけど、要は「ぼくたちが一番なんだぞ〜！」ってことですよね。それを見せつけるためのケンカをするには、やっぱり数が多い方が有利です。ですからヒトラー率いるナチスドイツは、できるだけアーリア人を増やし、それ以外の人種を減らすような政策をとりはじめました。たとえば「アーリア人が〝劣った人種〟と結婚することは禁止」とか、「基本的に中絶禁止だけど〝劣った人種〟はむしろ断種する」とか、「アーリア人の母子しか入れない保護施設『レーベンスボルン』をつくる」とかですね。

そうしてドイツという国が、「アーリア人を増やさなきゃ！　それ以外は減らさなきゃ！」といった政策を推し進めていく中で、同性愛者が反社会的な分子とみなされるようになっていったわけです。「同性愛者？　アーリア人を増やして地球を支配するという国家の理想に加わらず、自分のことばかりを優先して、新しいアーリア人が生まれることにつながりもしない同性間の恋愛にうつつを抜かすだなんてけしからん！　反社会分子だ！　国家の敵だ！」と。

そういう流れがありまして、男性同士のセックスを有罪と定めるドイツ刑法一七五条は、ナチス政権下で厳罰化されることになりました。ウルリヒスが、ケルトベニが、ヒルシュフェルトが、そして彼らを応援していた大勢の人々が、あんなに戦ってきたにもかかわらず、です。

それまで、刑法一七五条違反で捕まる人たちは、年に数百人程度にすぎませんでした。しかし、ナチスが刑法一七五条を厳罰化した一九三五年以降、その数は数千人にも膨れ上がっています〈3〉。正確な統計を出すことは難しいのですが、ナチス政権下で同性愛者として有罪判決を受けた人は、おそらく五万人〜六万三千人ほどと考えられています。中には、四千人ほどの未成年者も含まれていました〈4〉。

女性同性愛者もまた、迫害の手から逃れることはできませんでした。刑法一七五条において、女性同性愛には罰則がなかったものの、女性同性愛者とされた人は「男の妻にも子どもの母にもなることのない反社会分子」として逮捕されていたのです。

さて、ここでひとつ疑問が浮かびますね。

同性愛者を検挙するにあたり、ナチスは、いったいどうやって同性愛者を見分けていたというのでしょうか？

それには、実はこんなカラクリがあったんです。

診断法6

「同性愛者＝少子化につながる＝国家の敵説」

ナチスは、同性愛を生まれつきのものだとは考えませんでした〈5〉。仮に生まれつきの同性愛者がいると認めれば、ヒルシュフェルトが提唱していたような、「同性愛は生まれつきの同性愛者による自然な行為なんだ！　犯罪扱いするべきじゃない！」という理屈が通ってしまいます。これではナチスにとって都合が悪いわけです。アーリア人の男と女がみんなくっついて、新しいアーリア人をガンガン産んでくれればいい、そういう考えでいるのですから、どうしても「人間はみんな異性愛者だよ！　同性愛や異人種間結婚は犯罪だよ！」っていうことにしておかなければなりませんでした。

そのためナチスとその支持者は、同性愛非犯罪化を訴えるヒルシュフェルトを罵（ののし）り、殴り、足蹴にし、彼の研究所に放火してなにもかもを燃やし尽くしてしまったのです。

自分たちの理想に合わない人間を、次々と排除していくナチス。一九三九年には、日本の厚生省（当時）もナチスドイツを手本にし、「産めよ殖やせよ国のため」などとうたう「結婚十訓」を発表しました〈6〉。勝つためには数で勝負しなければならないという、第二次世界大戦下の強迫観念にとらわれ、いつしか、「子どもをつくれない人は国のためにならない」とされるようになっていきました。

そういうわけで、誰かの同性愛を警察に密告する人が増えていったのです。「あいつはナチスの理念に反する、国家の敵です！」なんて言っておけば、自分はナチスの味方だというアピールができますし、なんだか「崇高な国家の理想に貢献してる感」が得られますものね。言い換えれば、ナチスは同性愛者を見分ける方法を持っていなかったのです。刑法一七五条で逮捕され、投獄され、死に追いやられていった人々は、正確に言えば「同性愛者」というより、「同性愛者だという口実のもとに国家の敵扱いされた人」でした。

そういった人々に、ナチスは「同性愛者を見分けるための印」をつけました。男性同性愛者には、その目印としてピンクの逆三角形「ピンクトライアングル」。女性同性愛者には、ホームレス、アルコール依存症患者、性産業従事者など、ナチス政権によって反社会的であるとされた人々の目印「ブラックトライアングル」がつけられました。ちょうどユダヤの人々へ、強制的にダビデの星がつけられたようにして。

男性同性愛者専用の目印はあるのに、女性同性愛者専用の目印がなかったのは、ナチスが「女性同性愛者なんていない」と考えていたからです。女性はみんな男性とセックスして子どもを産むようにできており、同性愛は一時の気の迷いにすぎない……というのがナチスの価値観でした〈7〉。それでも女性への愛をつらぬこうとした女性たちは、「子どもを産む気のない反社会分子」として処罰されたのです。その胸にあるものが、愛なのだということすら認められずに。

しかし、「アーリア人を増やすため」との口実で行われた同性愛者の迫害が、かえって人を死に追いやったのはなんとも皮肉

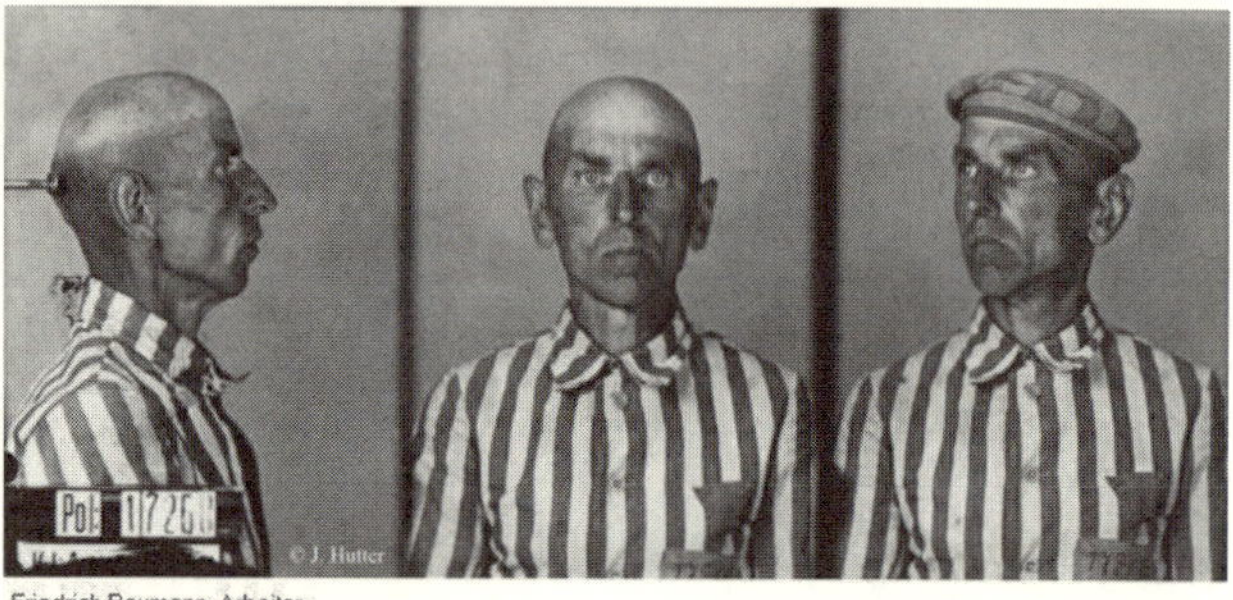

Friedrich Baumann, Arbeiter
geb. am 19.1.1893 in Pommereinsdorf
in Auschwitz interniert am 20.6.1941
gestorben am 8.4.1942 im Alter von 49 Jahren

ピンクトライアングルをつけた収容者。
収容から約10ヶ月で亡くなっている。

送られた人々は、ほとんどの人が二度と出られることもなく、収容所の中で亡くなってしまいました〈8〉。

いったい何人が死に追いやられたかを数えるには、強制収容所に目を向けるだけでは足りないでしょう。疑いをかけられただけで、警察に捜査されただけで、家族に責められただけで、収容所ではなく刑務所に入れられただけで、そして――同性に恋をしただけで、多くの人が絶望し、自ら命を絶っていきました。中には、家族や友人に捜査の手が及ばないよう、自分が同性を好きになったことすら胸の内に秘めたまま亡くなった人もいたことでしょう。

記録にも残らず死に追いやられた方がいる以上、正確な人数を数え上げることはできませんが、ここではその中のうちひとりが遺した手紙をご紹介しておきたいと思います。一九三七年三月のベルリンで、警察に昔の恋人の名前を吐かされることを恐れ、母親に遺書を残してガス自殺を図った二十四歳の男性、ルドルフの手紙〈9〉です。

何を白状させられるかわからない……他に出口が見つからないんだ。（中略）やつら［警察］はきっと、彼の首元を摑みにいくだろう。そうして僕が彼に向き合わされる場面ばかり頭に浮かぶ。他になんにも考えられない。もう、僕は死ぬしかないんだ。僕は、彼を本当に愛していた……。

ナチスの〝同性愛治療〟――ブーヘンヴァルト強制収容所の悪夢

ナチスの権力者たちにとって、個人は国家の理想を実現させるための手駒にすぎなかったのでしょう。そのためナチスは、収容所に入れられた男性同性愛者たちを、国家の役に立つように〝矯正〟しようと試みました。そういった試みのひとつが、こちらです。

診断法7

「男性同性愛者は男性ホルモン値で見分けられる説」

第2章でご紹介した、シュタイナッハの人体実験を思い出していただけるでしょうか。

彼は、「男性同性愛者→女っぽい→男らしさが足りない→男性ホルモンを補充すればいい！」と考え、同性愛者に異性愛者の睾丸(こうがん)を移植して失敗しました。

こうした人体実験が、ナチスの強制収容所でも繰り返されることになったのです。ブーヘンヴァルト強制収容所の医師であり、ナチス親衛隊少佐でもあった人物、カール・ヴァーネットの手によって。

ヴァーネットは、シュタイナッハより三十二歳年下で、特にホルモン療法に強い興味を持っていました。また、ナチスの思想についても元々肯定的で、そのことを隠さずにいた人物だったようです。デンマーク人であるヴァーネットは、デンマークの首都にあるコペンハーゲン大学で医師免許を取得後、そのまま新人医師として診療所を持つことになりました。

ところが、その当時のデンマークはドイツの占領下におかれ、混乱のさなかにありました。患者不足に悩んだ彼は、ナチス親衛隊の医師エルンスト・グラヴィッツに面会を求めます。ホルモン療法を研究したいと言うヴァーネットに応えて、グラヴィッツはこんな提案をもちかけました〈10〉。

「ナチス親衛隊の一員として、同性愛治療の研究をしてみないか？」

こうしてヴァーネットは、ブーヘンヴァルト強制収容所に招かれることになったのです。そこは、男性（とされた人）ばかりが収容され、人体実験の〝材料〟とされ、ウイルスや細菌を注射されて亡くなった人々の遺体が積み上がるような場所でした。その光景にヴァーネットは、いったい何を感じたのでしょうか。これで思う存分研究ができる、と彼は喜んだのでしょうか。それとも……。

ヴァーネットは、シュタイナッハを追うように研究をすすめていきました。彼はシュタイナッハと同じように、「男性同性愛の原因は男らしさが足りないことなんだから、男性ホルモンを補充すれば治る」と思い込んでいたのです。

そんなヴァーネットが目をつけたのも、もちろん、あの部分でした。彼は同性愛者（とされた人）の睾丸に男性ホルモンを注射したり、睾丸を取り出して金属の玉と入れ替えた

ブーヘンヴァルト強制収容所。
1945年4月24日、米国による視察の様子をとらえたもの。

り、といった人体実験を行いました〈11〉。やがてヴァーネットは、人間の体に埋め込むと男性ホルモンを放出するカプセルを開発〈12〉、その発明品にこんな名前をつけました。

「人工男性器」

もう悪い予感しかしませんが、ヴァーネットはやはり、自分の発明を他人の身体で試してみたくて仕方がなかったのでしょう。彼はナチスの権力者たちに発明品を披露し、「このカプセル型人工男性器を埋め込めば同性愛は治るんです！」と主張しました。まんまと上層部の許可を得たヴァーネットは、強制収容所に入れられていた人々の下腹部に、人工男性器を埋め込む手術を執刀します。

手術は、手術される人の尊厳をまったく尊重せず、その意思も無視して、不衛生な環境下で行われました。実験中に亡くなった人の数はひとり〈13〉ともふたり〈10〉とも言われていますが、今となっては正確な人数はわかりません。

この〝人工男性器〟移植手術は、人を異性愛者にするどころか、人の命と尊厳を奪うだけの結果に終わりました。やがてナチスドイツは、第二次世界大戦に敗戦。ヴァーネットの故郷であるデンマークも、ナチスの手から解放されることになります。

しかしながらヴァーネットには、デンマークの家に帰ることなど許されませんでした。彼は戦犯として逮捕され、囚人の気持ちを自分自身でとくと味わうことになります。牢屋に入れられたヴァーネットは、「心臓の具合が悪い」と訴え、コペンハーゲンの病院に搬送されていきました。

検査の結果、ヴァーネットの心臓は、まったくの健康そのものだったそうです〈12〉。なんの治療も必要とする状態ではありませんでした。

まさに、彼の手による〝同性愛治療〟の犠牲になった人々がそうであったように……。


こうしてナチスによる同性愛迫害の様子を見ていると、「じゃあナチスに同性愛者はいなかったんだな」と思ってしまいがちです。けれど、決してそんなことはありませんでした。有名なところでは、ナチス突撃隊幕僚長エルンスト・レームも、十歳年下の突撃隊員エド

同性愛者だったナチス突撃隊幕僚長エルンスト・レーム。ヒトラーとは、「俺」「お前」と呼び合う仲だった。

ムント・ハイネスと性的関係にありました〈13〉。

レームは刑法一七五条撤廃を主張しており、ヒトラーもまたレームが同性愛者であることを知っていました。なのになぜ逮捕されなかったかというと、レームが優秀な軍人であり、ヒトラー相手にも敬語を使わないほどの強大な権力を持っていたからです。

しかしながら、ナチス突撃隊が反ヒトラー勢力として力を付けていくにつれ、ヒトラー一派はナチス突撃隊を目障りに思うようになりました。そして一九三四年、突撃隊の多くが殺害される「長いナイフの夜事件」が発生、レームもハイネスも混乱のうちに銃殺されてしまいます。

ちなみに、ヒトラーはレームのことを非常に大事にし、「実はヒトラーも同性愛者なのでは?」と噂されるほどであったのだそうです。かつての仲間だったレームが牢獄に入れられ、銃殺の時が決まると、そのことを心苦しく思ったヒトラーは、レームに自殺のための銃を与えました。

しかし、レームはこれを拒否。そのまま、牢獄の中でヒトラーの部下に銃撃されました。銃弾を受けたレームは、自らの死を悟ると、倒れたままヒトラーを想い「わが総統よ……」

と呟いたそうです〈14〉。

さて、ここまででは、主に男性同性愛についてのお話をしてきました。この時代にはまだ、現在のようなセクシュアリティ論は存在しませんでしたから、現代で言う「バイセクシュアル（両性愛者）」「パンセクシュアル（全性愛者）」ほかさまざまな人々も、まとめて「異性愛者じゃないヤツ＝同性愛者」としてカテゴライズされることは珍しくなかったでしょう。

また、シュタイナッハやヴァーネットの「男性同性愛者は男性ホルモンを補充すれば治るはず」という誤解からも見られるように、当時は「男性同性愛者＝女っぽい」という偏見も今より根強いものでした。ですから、出生時に男性とされたけれども女性として生きた人々、いわゆるＭｔＦトランスジェンダーも「要は男性同性愛者だ」とみなされて迫害の犠牲になっていた可能性は高いでしょう。

それから、女性同性愛者（とみなされた人々）のことも決して忘れてはいけませんね。先にお話しした通り、女性同性愛者はナチスにとって「いないもの」と考えられていましたから、なかなか資料を見つけるのもむずかしいのです。

第二次世界大戦を経験された方の証言を頼るならば、ドキュメンタリー映画「刑法一七五条」〈15〉の証言者として、一九〇九年生まれのユダヤ人女性、アネット・アイクさんが登場しています。恋した女性に助けられ、イギリスへ逃れて生き延びた経験を、アイクさんはカメラに向かって淡々と英語で語っておられました。その独白に重ねて、映画には白黒の写真が映し出されます。白い丸テーブルを囲んで、葉巻をくわえた男装の麗人たちが語り合う姿。そのひとりひとりには、いったいどんな運命が待っていたのでしょうか。

また、イギリスのLGBT専門ニュースサイトは、強制収容所に入れられた女性同性愛者（とされた人）たちが、ナチス親衛隊員の男性との性行為を強いられていたと書いています〈16〉。殺された人もいれば、国外に逃げた人もいれば、身を隠すために男性同性愛者と結婚した人もいる――とその記事は続けています。

前述のアイクさんは、自分を助けてくれた女性に捧げる詩を書きつづり、それらを詩集にまとめてから亡くなりました。アイクさんが遺したのは、ナチスを糾弾する言葉でもなく、自分の境遇に対する恨み言でもなく、人間の愚かさを戒めるお説教でもなく、愛した女性に捧げる詩集だったのです。

二〇一〇年に亡くなられたアイクさんを想うとき、私は、「アイクさん」と敬称を付けて書かずにいられません。ここまでこの本ではほとんどの場合、人の名前を書くときに敬称を略してきましたから、ここでもそうすべきなのだろうと思います。歴史を語る時、人の名前を「織田信長さん」とか「北条政子さん」とか敬称付きで書くのは、ちょっとおかしいですよね。

でも、どうしても私には消せないのです。アネット・アイクさんの名前を、敬称なしでは書けない気持ちを。

さて、次の話題に移りましょう。ナチスの話ばかりでは、あまりにも偏ってしまいますよね。同じ時代、同性愛者を排除するような空気にのまれていたのは、ナチスドイツをはじめとした枢軸国（すうじくこく）側ばかりではありません。敵対していた連合国側でも、たとえば大英帝国（当時）は男性間の性行為を違法としていました。またフランスでは、フランス革命を機に同性愛が非犯罪化されていましたが、同性愛者はしばしば蔑称で呼ばれ、決して異性愛者と平等な存在であるとはいえませんでした。

そうした連合国側の国々から、続いてはアメリカの状況に目を向けてみましょう。ナチスドイツが同性愛者を「国家から排除するべき存在」とみなしたのに比べ、アメリカはどちらかというと「軍から排除するべき存在」とみなして研究を進めていったのです。

米軍式、〝同性愛診断法〟

アメリカほど、バラエティ豊かな同性愛診断法を生み出し続けた国はないかもしれません。第二次世界大戦時、ナチスドイツでは同性愛者が「国家の敵」として告発されるような情勢にあり、個人が同性愛者かどうかは警察の捜査によって決められていました。それに対してアメリカでは、同性愛者を軍隊に入れるべきでないという考えから、なんと入隊テストの一環として同性愛者の見分け方が開発されつづけてきたのです。さて、軍隊の資金と軍医の知恵が注ぎ込まれた、米軍式の同性愛診断法とは、いったいどんなものでしょうか？　ご紹介しましょう！

診断法8

「男性を脱がせたら同性愛者だけ恥ずかしがるのでは説」

……はい。

……ってことみたいです。

……えっと、それだけなんですけど。すいません。

なんかもう、なんなの？　飲み屋で思いついたの？　みたいな案ですけど、当時の米軍的には至ってマジだったようなので仕方がありません。しかも、裸になった米軍入隊希望者が恥ずかしがるかどうかを観察するために、わざわざプロの医師を使っていたというのですから〈17〉、米軍のマジ度がうかがい知れます。その「裸観察係」のお医者さんに、一九四〇年代当時の米軍がいったいいくら払っていたのか私は気になるんですが、知ったら知ったで腹が立ちそうなのでやめておきましょう。別の方法のご紹介にうつります。

診断法9

「男性同士でオナニーについて話し合わせたら同性愛者だけ恥ずかしがるのでは説」

いいですか。繰り返しますが、これは米軍入隊テストの一環です。第二次世界大戦当時の米軍入隊テストの一環ですよ〈17〉。

想像してみてください。米軍入隊候補者が集められ、腕力や握力や持久力なんかが試され、緊張の面持(おもも)ちで次のテストを待っている人たちに、えらそうな審査官みたいな人が咳払いをしてシブい声でこう言うところを。

「では次のテストだ。諸君、オナニーについて話し合いたまえ」

えっ？

ってなりますよね。米軍、大丈夫かな？　ってなりますよね。米軍入隊テストという状況を考えれば、まわりには全然知らない人とか世代が違う人とかもいるはずですよ。それでいきなり「オナニーについて話し合え」って言われて、恥ずかしがるそぶりを見せた人は「同性愛者っぽいから」と不合格にされたっていうんですから、なんかもう、なんかもう、はぁ、お疲れ様です、って感じです。

ほかにも、「男性候補者の見た目が女の子っぽいかどうかを見る」とか「しぐさや話し方がオネエっぽいかどうかを見る」とかいったことをやっていたみたいです。

まぁ、こういう「男性同性愛者＝オネエ」って思い込んでいるだけの無根拠なやり方はそろそろ放っておいて、もうちょっとはまじめにやろうとした人のことを考えてみましょう。

診断法 10

「口の中に〃同性愛者発見器〃を入れれば分かるのでは説」

今まで見てきたとおり、米軍入隊テストにおける同性愛診断は、はっきり言ってかなりザルでした。異性愛前提の先入観で物を考えていたせいで、「男性同性愛者は男が好きなんだから女っぽいはず」と思い込んでしまっており、そこから勝手に「いや〜ん恥ずかし〜い♡（くねくね）みたいなわかりやすいオネエ」を想像した上で、わかりやすいオネエを見つけようとしていたにすぎないものだったのです。

するとどういうことが起こるかというと、「わざとオネエっぽく振る舞って不合格になることで戦争に行かなくて済むようにしようとする人」が出てくるわけですね。ここでは、当時の言葉づかいにならって、こうした人を「仮病」と呼ぶことにしましょう（※ちなみに現在では、世界保健機関や日本の厚生労働省によって「同性愛は病気ではない」とされています。よって、同性愛者のフリをすることを「仮病」と呼ぶことは、現代の表現としては正確ではありません。これはあくまで、当時の情勢にならった表現とします）。

仮病の人と、仮病でない人を、いったいどうやって見分けるか。この難問を前に、一九四四年、ニコライ・ヨシア博士とその部下たちが立ち上がりました〈18〉。そして研究を重ね、ついに、「お口に入れるタイプの同性愛者発見器」を使用するにいたったのです。

たぶんこの「お口に入れるタイプの同性愛者発見器」、あなたも知らないうちに病院でやられたことがあるはずです。

あれです。

あの、「はい、あ〜んしてくださ〜い」って言ってお医者さんが突っ込んでくるあれです。お医者さんが喉を診る時にやるやつ。

喉の奥、舌の根っこの方を、アイスの棒みたいなやつでギュ〜ッと押すやつ。

そうそう、あの「おえっ」ってなるあれです。あれのことです。

あの「おえっ」ってなる感じのことを、専門用語で「咽頭反射」といいます。ヨシア博士はこの咽頭反射と同性愛者との関係について、このように考えたのです。


「同性愛者は普段からフェラチオしまくってるはずだから、喉の奥に物が入ってくることに慣れすぎて、咽頭反射が起こらなくなっているはずだ！」

そこでヨシア博士と部下たちは、この仮説を確かめるべく、アメリカ陸軍基地で千四百四人の精神病患者の喉にあの「おえっ」ってなる棒を突っ込んで研究しました。その結果、当時の精神医学で「性的倒錯者」と診断された人々のうち、実に89％が「おえっ」とならなかった（＝咽頭反射が起こらなかった）という結果が出たのです！〈18〉

しかしながら、このヨシア博士の発表を鵜呑みにして、あの「おえっ」ってなる棒を同性愛者発見器として使うことは、言うまでもないことですが不正確すぎることです。理由は四つあります。一つ目は、一九四四年当時の精神医学自体が現代から言えば未発達なものであり、研究対象者の選択が本当に適切であったかどうか疑わしいこと。二つ目は、研究者たち自身がそもそも「この人たちには咽頭反射が起こらないはずだ」という仮説をもって研究に当たっており、咽頭反射が起こるかどうか見る際に、適切かつ公平な強さで喉の奥を押していたかどうかの証拠もないということ（だって手で持った棒で押してるだけだからね）。三つ目は、ヨシア博士が、性的倒錯だけでなく神経症やドラッグ依存症の診断を受けた人でも咽頭反射が起こらない場合があると知りながら、そのことを説明しないまま「これで同性愛者が見分けられる！」とばかり主張したこと。そして四つ目は、「同性愛者はみな日常的にフェラチオをしている」という前提自体に証拠がなく、正確に言えばこのテストでわかるのは「同性愛者かどうか」でも「日常的にフェラチオをしているかどうか」でもなくて、ただ「喉の奥に物を突っ込んでおえっとなるかどうか」だけだということです。

この時代は、やたらとフェラチオにこだわる風潮があったようです。アメリカ海軍基地のほうでは、二百人の男性を対象に「フェラチオしてあげている時はどんな感じですか」みたいな質問をしています〈18〉。ここで「自分は特に勃起しない」と答えれば、フェラチオに慣れた同性愛者だとされ、逆に「めっちゃ興奮してビンビンです!!」みたいな答え方をすれば、同性愛者のフリをして兵役を逃れたい〝仮病〟の人だとされました。

もしこの研究に関わった男性の中で、彼女にフェラチオしてもらっていた人がいるならば、興奮した様子で盛り上げてくれる彼女のことも〝仮病〟扱いしたかどうか、ちょっと聞いてみたいですね。

さて、こうして「仮病」だのなんだのと、同性愛を病気扱いしてきた当時の空気をご紹介してまいりました。それでは、「治療」と称する行為は行われていたのかといいますと

……やっぱり、やっちゃってたんです。

診断法11

「同性愛者はおしっこで見分けられるのでは説」

一九三五年のロサンゼルスで、精神科医クリフォード・ライトはこんな発表をしました。

「男性同性愛者のおしっこには、女性ホルモンがいっぱい入ってるんですよ！〈19〉」

いわく、男性同性愛者には男性ホルモンが足りておらず、尿のホルモン値がまるで女性のようだ、というのです。

この章をここまで読んできてくださったあなたなら、もうこの先の展開が読めるでしょう。そうです。またもや囚人や病人といった弱い立場の人が選び出され、実験台にされてしまったのです。

男性同性愛者には男性ホルモンを投与すれば、男らしい男になって同性愛が治るはずだ。そんな思い込みのもと、シュタイナッハはきんたま移植手術をしましたし、ヴァーネットはカプセル型人工男性器埋め込み手術をしました。その結果が、単なる拒絶反応や感染症を引き起こし、人の命までをも奪ってしまうようなものであったことは先にご紹介した通りです。

では、ライトはいったいどうしたか。彼は精神科医でしたから、手術はせずに、お薬を出すことにしました。十数名の男性同性愛者（とされた人）に男性ホルモン剤を投与し、その結果を、「同性愛者はおしっこで見分けられる」と書いたのと同じ学会誌に発表したのです〈20〉。一九四一年、最初の発表から六年後のことでした。

もちろんライトも、シュタイナッハやヴァーネットがそうしたように、「これで同性愛が治りました！」と発表したわけですが……彼の言うことが本当に正しかったかどうかは、現代のドラッグストアで「同性愛治療薬ありますか？」って聞いてみればわかることですよね。むしろ、彼が投与した男性ホルモン剤というのは、今では精力剤としての効果を期待して個人輸入する人がいるようなものです。それを投与した結果は、「単におちんちんが元気になっただけで終わった」か「まったく効果がなかった」か、でしょうね。

日本は同性愛をどう見ていたか？

ナチスドイツ、そしてアメリカの例を中心にご紹介してまいりました。シュタイナッハとかヒルシュフェルトとか長いカタカナの名前ばっかりで、なんだか遠くの出来事みたいに感じた方もいらっしゃるかもしれません。

ですが決して、日本で同性愛の研究が行われていなかったというわけではないんですよ。また、同性愛者がいなかったとか、ましてや欧米から同性愛が輸入されてきたなどということもありません。ただ、日本では、同性愛の研究や同性愛者の存在を「とるに足らないもの」として見下し、「隠すべきもの」として黙殺してきただけのことなのです。第3章の最後には、第二次世界大戦に至るまでの日本で、どんな人が何をやっていたかをご紹介することにしましょう。

この章のはじめで、日本女性同士の心中事件について少しお話しましたね。第二次世界大戦に至る前の日本では、同性同士の心中事件が報じられるなどした影響で、特に青少年の同性愛が社会的に問題視される風潮にありました。ここでは、この当時に発行された「男女交際のしおり」〈21〉が、男性同性愛についてどう書いているかを現代語訳で見てみましょう。


男性同士のアナルセックスは、近頃の学生の間で度々行われている醜い行いである。もともとこれは戦国武士の風習であり、雄々しい男子が柔弱な婦女子に接することを嫌うことから起こったものであって、風俗に行ったりふしだらなセックスをしたりするよりは、道徳上とやかく言うことでもない。なので、法律でも直接的には禁じられていない。社会道徳上も重大なことではない。だが、同性同士のセックスは自然のルールに反する。これが道を踏み外した行為であることは言うまでもないことだ。熱中しやすいのは情欲の本性であるからして、もしセックスばかりするようになれば、男性器は萎え、精液は漏れ、性欲ばかりに悩まされるようになってしまい、多淫乱交の悪習に陥り、ついには身も心もぼろぼろになって引き返せないところにまで陥ってしまうだろう。

なんでしょう。なんか、「流行ってるよね……昔からやってるし……違法じゃないんだけどさ……でもいけないことだと思うしさ……なんか、同性愛者ってセックスばかりしてるんでしょ？　やりすぎちゃったら危ないよ、ね？」みたいなことを言ってます。日本は男性間のセックスを一瞬違法としましたが、それもすぐやめて、なんとな～く曖昧な態度で「いけないんじゃないかなぁ、ね？　空気読んで？」って感じを醸し出していました。

また、人間の性のあり方を面白おかしく書きたてる「通俗的性欲学」が流行したのもこの時期です。もともとあのクラフト＝エビングが「一般人には読めないようにラテン語で書いてやろう」と書きあげた大書『プシコパシア・セクスアリス』が、さらっと日本語訳されたうえに『変態性慾心理』だなんてキャッチーなタイトルで爆売れしてしまった影響で、この時期の日本では「変態心理」とか「変態性欲」みたいな名前の雑誌がガンガン創刊されていきました。変態ブームだったんです。

性欲学、と名前はついてはいるのですが、ブームになってしまった以上は質の低いものも出回っていたようです。いかにも学問っぽい雰囲気で書きながら、実はなんの出典も示されてはいない、単なる噂話レベルの読み物もごろごろしていました。

そういう中でも、クラフト＝エビングやウルリヒスやヒルシュフェルトらの論を、日本に紹介しようと書き続けた人々がいました。そのひとりが、性科学者・澤田順次郎です。澤田はもともと中学校の教師をしており〈22〉、初期は教育論や入試の過去問解説本などを書いていました。が、やがて同性同士の心中事件等が報じられ、学生同士の同性愛が問題視されるようになると、同性愛に関する解説書を刊行して青少年を導こうとしました。澤田は同性愛を「問題」ととらえており、この問題から青少年を救おう、と考えたわけですね。

一九二〇年に書かれた『神秘なる同性愛』で、澤田は同性愛を「甚はだ憂ふべき一種の伝染病」と断じています。そのうえで欧米における同性愛の諸研究を紹介しているのですが、澤田自身はそれらを同性愛の否定論につなげていきました。つまり、欧米で同性愛者の権利のために進められた研究が、日本では澤田により同性愛者を否定するために使われたというわけですね。

澤田は、教育者としての立場から、若者たちが一夫一婦制の男女カップルをなすよう導こうと考えており、セックスはあくまで生殖のためのものという価値観でした。生殖に結びつかない性行動——たとえば自慰や同性愛といったものは、矯正すべきものだと考えていたのです。

「楽しむためのセックスがあったっていいじゃないか」と訴えた山本宣治。

それに対して、同じ時代、「楽しむためのセックスがあったっていいじゃないか」と訴えた人もいました。地元・京都では「山宣(やません)」の名で親しまれる生物学者、山本宣治(やまもとせんじ)です。

山本は、すべての人間が持つ「生物学的基本権」として、次のふたつの権利があると説きました〈23〉。

- 子どもをつくるために性行為をする「産児権」
- 楽しむために性行為をする「享楽権」

今でこそ「えっ、当たり前じゃん」ってなるかもしれませんが、当時はなかなか革新的な主張でした。性行為が子孫を残すこととイコールであり、どちらかというと「義務」としてとらえられていた中、山本は性行為について、個人がそれぞれ決定権を持つ「権利」であると考えたのです。

そしてその「権利」は、誰もが平等に持っているものなのだというのが山本の考えでした。たとえば、当時の価値観では悪いこととされていた自慰行為についても、山本は個人の権利であるとして肯定し、むしろ自慰行為をする人の罪悪感を取り除くように働きかけていきました。また、同性愛者についても、自著でこんなふうに言及しています。

> 同性恋愛者の享楽権　これはまだ日本では問題となっていないが、ドイツでは、生まれつき同性に惹かれる男性どうしが互いに性行為を行っているとわいせつ罪に問われて投獄される。（中略）遺伝的にその傾向がそなわっており、かつ、その発現が「非社会的」でないとき、彼らを処罰することは人間性の冒瀆（ぼうとく）であるという理由で、団結して政治行動に出ている〈24〉。

このように、同性愛を直接肯定してはいないものの、同性愛に対して肯定的な動きがあると伝えることで、間接的に同性愛者の享楽権について言及しています。こうして、遠くドイツで戦っている人々の存在を知らされただけで、いったいどれだけの人が勇気づけられたことでしょうか。

しかしながら、山本もまた、言論封殺の標的とされてしまいました。一九二四年、山本は、講演会の真っ最中に警察に踏み込まれ、ステージから引きずりおろされてしまいます〈25〉。この事件が原因で職を失い、やがて国会議員として復活をとげるも、東京神田で突然の襲撃を受け、ついには命までも奪われてしまいます。

たった、三十九歳の若さでした。

本当に、皮肉なことです。生殖のための性行為ばかりを称揚する価値観こそが、こうして人を殺していったというのは。

そうして命を落とした人々の中には、山本やヒルシュフェルトらのように、直接的な襲撃を受けた人もいます。また、彼らのように名前を残すことすらなしに、人体実験の対象とされて殺された人もいます。そして、ヒルシュフェルトのことをあくまで〝秘書〟として支え続けたギーゼのように、自ら命を絶ってしまった人もいます。同性愛が犯罪とされる中、自分が同性を愛したということを、ただ自分の胸のうちだけに秘めて……。

それが、二度の世界大戦の陰で起こっていたことでした。

かつて妻と私が住んでいたフランスでは、どんな小さな村にも、二度の世界大戦で殺された人々の名前が必ず追悼碑に刻みつけられています。シャルル、ピエール、ジャック、ヴァンサン……そこに並んだフランスの人々の名前を、妻と手をつないで見上げながら、私はぼんやりと考えたものでした。

こうして、フランス人女性である私の妻が、かつての敵国・日本の女性である私と、同性同士で結婚している。そんな二〇一五年の未来を、この人たちはどう思うのかな、って……。

第4章

同性愛は「人種」なのか

(1945-)

犯罪、異常、国家の敵。

時代は「同性愛者」とされた人々に、あまりにも多くの烙印を押していきました。その烙印のもと、人は人を脅し、見下し、排除し、投獄し、治療と称した人体実験を行い、そして、死に追いやってきました。一九四五年、第二次世界大戦終戦。ケルトベニが友だちを自殺で喪ってから、もう百年あまりの時が流れたあとのことです。

「同性愛者」という言葉を生みだしたとき、ケルトベニは、それが生まれつきであると考えることを「諸刃の剣」と言っていましたね。この予感は、ケルトベニの死後に的中してしまったと言えるでしょう。「生まれつきで変わらないのだから犯罪扱いすべきではない」という主張は、確かに未来を切り拓く剣ともなりました。しかしながら、その剣は人の命を守るためだけには使われず、「生まれつき劣等なのだから抹殺するしかない」というような敵意や、「生まれつきで治らないなら死んでしまうしかない」という絶望にもつながっていってしまったのです。

それでも、生き続けた人がいました。

それでも、死なせまいとした人がいました。

同性愛を理由に死へ追いやられる人がいないようにという、百年の時を経ても叶えられなかった望みは、時を超え、国を超えて、世界大戦の焼け地にまた芽吹くことになります。第4章では、第二次世界大戦後、人々がどのように立ち上がっていったのかを見ていくことにしましょう。

第2章の最後でご紹介した、ヒルシュフェルトのことを思い出していただけるでしょうか。彼は、「同性愛者はお尻で見分けられる」とか、あげくの果てには「女性同性愛者は精子を、男性同性愛者は生理の血を出すのではないか」とまで言いながら、同性愛者というカテゴリの確立につとめ、同性愛の非犯罪化に向けて何十年も走り続けた人でした。

彼は同性愛者のあり方を「第三の性」と呼び、いわゆる男性・いわゆる女性とは生まれつき別のカテゴリの人々だと主張することで、その居場所を社会につくり出そうとしたわけです。いわば、同性愛者を一種の「人種」として考えていたわけですね。

皮肉にも、こうして人を「人種」に分ける考え方が、やがてヒルシュフェルトから居場所を奪ってしまうことになりました。ユダヤ人であったヒルシュフェルトは、ナチズムの台頭を機に、研究所に放火され、二度と故郷の土を踏めぬまま客死してしまいます。

そうして第二次世界大戦の戦火が燃え広がっていくのを、じっと耐え忍んでいたある夫妻がいました。アルフレッド・キンゼイと、クララ・マクミラン。ヒルシュフェルトとは正反対の考えを持ちながら、ヒルシュフェルトと同じ夢を見ていたふたりです。

キンゼイとマクミランは、仕事でもプライベートでも息の合った夫妻でした。ちょうど、研究にしか興味がなくってファッションセンス皆無のヒルシュフェルトに、細やかで気の利くギーゼがいつも寄り添って服を選んであげていたように。

夫・キンゼイは子どものころから体が弱く、ちょっぴりナイーブな人でした。ピアノが得意で、お花を育てるのも大好き。けれど、百日草とウィステリアとマリーゴールドのお花だけは、絶対に植えようとしなかったのだそうです。それらは「僕の親が庭で育てていた花で、暗

自らの自慰癖や同性愛的指向に悩んでいた生物学者、アルフレッド・キンゼイ。

い子ども時代を思い出すから」という理由で……[1]。
　そんな陰のあるキンゼイが胸をときめかせたのは、元気で明るくボーイッシュな女子大生、クララ・マクミラン。キンゼイと同じように花を愛し、自然を愛し、子どものころから蝶々を追いかけまわしていた女の子でした。

　成長した彼女は、やがて自然科学を学ぶために大学に入り、そこでキンゼイと出会います。キンゼイはマクミランにすっかり惚れこみ、初デートからたった二か月でプロポーズをしました。「ちょっと考えさせて」と言われてから二週間も待たされ、じらされてじらされてじらされまくったキンゼイは、やっと結婚ＯＫの返事をくれたマクミランを「いじわる！」と責めたそうです[1]。

キンゼイの妻、クララ・マクミラン。

　キンゼイがこんなにも結婚を急いだ理由は、マクミランのことが大好きだから……だけではありませんでした。実はキンゼイは自慰癖や同性愛的指向に悩んでおり、それは女性との結婚によって治るものだと信じていたのです。ふたりが結婚した一九二一年当時、そうやって「同性愛？　異性と結婚すれば治るよ！」みたいなことを言うお医者さんは珍しくありませんでした。また、厳しいクリスチャンの家庭に育ったキンゼイにとって、自慰や同性愛は宗教的な罪でもありました。ですから、ボーイッシュな女性との結婚は、キンゼイにとって自分を変える手段でもあったわけですね。

子どものころから性に悩んだキンゼイは、やがて、生物学者として性についての研究にとりかかります。もう、ひとりではありませんでした。マクミランもまた生物学者となり、キンゼイの研究も手伝ってくれたのです。やがて第二次世界大戦がはじまりましたが、身体の弱いキンゼイは兵役を免除され、厳しい時代を無事に生き抜くことができました。そして戦争が終わり、一九四八年、キンゼイたちは歴史に名を残す研究書「キンゼイ報告」を発表します。

「キンゼイ報告」は、数千人に対するインタビューをもとに、「同性にときめく経験くらいはありふれたものだ」ということを浮き彫りにしました。人間を同性愛者と異性愛者のふたつに分けて考えたヒルシュフェルトとは違い、キンゼイたちは、同性愛と異性愛の間にあるものにも目を向けました。色にたとえるなら、二色に塗り分けるのがヒルシュフェルト、グラデーションだと考えるのがキンゼイ、という感じでしょうか。ちょっと、その理論の内容をみてみましょう。

診断法12

「診断法じゃないのに診断法扱い、キンゼイ・スケール」

キンゼイたちは、調査の結果を踏まえ、人間の性のあり方を次の七段階からなる「キンゼイ・スケール」に分類しました。

0——完全なる異性愛者（同性にはまったく惹かれない）

1——ほとんど異性愛者だが、たまたま同性に惹かれることもある

2——ほとんど異性愛者だが、同性に惹かれることもある

3——異性にも同性にも同じように惹かれる

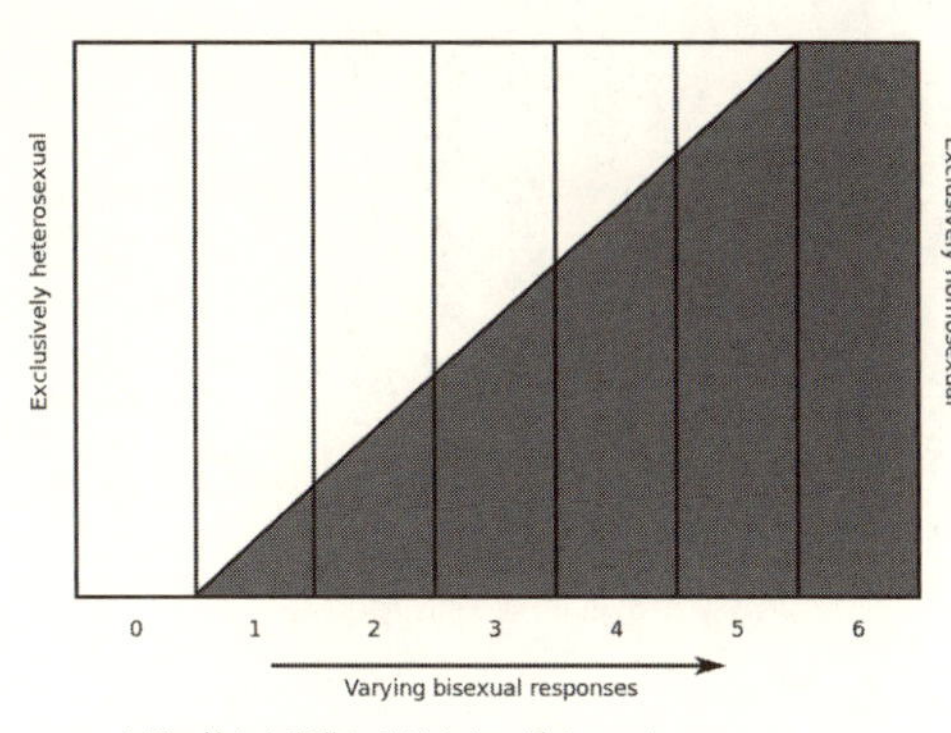

人間の性を七段階に分けたキンゼイ・スケール。

4——ほとんど同性愛者だが、異性に惹かれることもある

5——ほとんど同性愛者だが、たまたま異性に惹かれることもある

6——完全なる同性愛者（異性にはまったく惹かれない）

そして、この「キンゼイ・スケール」を最初に提示した論文「ヒト男性の性行動」にて、次のように書いています〈2〉。

男性は、異性愛者と同性愛者という二つの不連続な集団からなるわけではない。世界は善と悪には分かれない。白と黒にも分かれない。自然界に不連続なカテゴリがあまり見当たらないというのは、分類学の基本である。ただ、人間の価値観だけがカテゴリをつくりだし、ものごとを別々の小さな箱に無理矢理押し込めているだけなのだ。命ある世界は、なにもかもすべてがつながっている。

つまり、この世には同性愛者も異性愛者もなく、ただそれぞれの人々がそれぞれの人生を通してキンゼイ・スケールの上を行ったり来たりしているだけなのだ、というようなこ

とですね。かつて異性を好きだった人が同性を好きになることも、またその逆もありえることであって、同性愛者／異性愛者という固定的な区別ができるとは限らないんだ、とキンゼイたちは言っているわけです。

そういうと「私は同性愛者である自分を誇りに思っているんですが、私が同性愛者であることも否定するんですか!?」ってなる方がいらっしゃるかもしれませんが、それはキンゼイたちの意図したところではありません。キンゼイたちが伝えたかったのは、同性愛が犯罪や病気として扱われている社会状況下にあっての、「同性愛は別に特別な人たちだけのことじゃないじゃん？　だから犯罪扱いとかやめようよ〜」というメッセージだったわけですね。

キンゼイたちはのちに「ヒト女性の性行動」という論文も発表し〈3〉、同じように「性のあり方は白か黒かの二分法じゃなくてグラデーションだよ」というようなことを書いています。じゃあ論文を「ヒト男性の性行動」と「ヒト女性の性行動」に二分して発表するのはいいのかよ、ってツッコミたくなってしまいますが、そこはまぁ、当時の価値観に合わせた表現をしたんでしょう。

ともあれ、「人間は同性愛者と異性愛者の二種類には分かれないよ」と言ったキンゼイ。

彼の名で出版された本は、アメリカでベストセラーになり、世界各国でも翻訳版が出ることになりました。ここまで話題になると、やっぱりなんというか、いろんな反応が出てくるわけです。たとえば、こんなふうな。

「すいませ〜ん、自分が同性愛者かどうか知りたいんですけど〜、キンゼイ・スケールのテストってどこで受けられます〜？」

はぁ……って感じだったでしょうね。「だから人間は同性愛者と異性愛者には分かれないって言ってんじゃん！」ってなったでしょうね。二〇一五年現在も残るキンゼイ研究所だって、いまだに公式ホームページに「キンゼイ・スケールは診断テストではありません」と書いています。繰り返しますが、キンゼイ・スケールは、個人が自分の経験を振り返って自分自身で考えるものであり、またスケールのどこに当てはまるかは人生を通して変わっていくこともある、というのがキンゼイの主張なのです〈4〉。

キンゼイ・スケールの発表は、必ずしも、キンゼイやマクミランやその共同研究者たちの思った通りには伝わらなかったかもしれません。また、「キンゼイ報告」への批判だっていろいろありました。たとえば、「調査対象が偏っている。そもそも学者に自分のセックス経験をペラペラしゃべるような女なんて、〝善良〟な女じゃないはずじゃないか！」だとかなんとかね〈5〉。まったくもう、はぁ……って感じだったでしょうが、とにかく「人間は異性愛者と同性愛者の二種類じゃない」ということを提唱した社会的意義は、大きかったでしょう。

その功績は、また後世の人物に引き継がれていくことになります。「同性愛を非犯罪化しろ！」という声の中で、しばしば置き去りにされてきた人々の一部——両性愛者（バイセクシュアル）であった、とある学者によって。

「人間は同性愛者と異性愛者に分かれる説」に対する、両性愛者（バイセクシュアル）の闘い

フリッツ・クライン博士、出生時の名を〝フレッド〟。一九三二年にオーストリアのユダヤ系家庭で生まれた彼は、まだほんの小さな男の子だったころ、戦争とユダヤ人迫害から逃れるために一家でアメリカへ移住しました〈6〉。第二次世界大戦を生き延びて、ニューヨークですくすく成長していった少年時代のクライン。やがて彼が思春期を迎えたころ、アメリカでは、あのキンゼイ・スケールが大きな話題となっていました。

しかしながらクラインの胸には、こんな疑問がありました。

「人間の性のあり方って、『同性愛・異性愛・その間』みたいな単純なモノじゃないんじゃないかな？」

そのころ、キンゼイが五十代の世界的な学者であったのに対し、クラインはまだ十代の少年でした。クラインはそこから勉強に励み、ついに名門のコロンビア大学でＭＢＡを取得、精神科医として立派にひとり立ちをします。

クライン自身もまた、自分を異性愛者であるとも同性愛者であるとも考えていなかったようです。彼はあまり公の場で自分の恋愛経験を話さない人物でしたが、生涯でふたりの女性と交際、そして一生のパートナーには男性を選び、自身を「bi-gay（ゲイ寄りのバイセクシュアル）」だと考えていました〈7〉。

そんなクラインはある日、決定的な経験をします。ニューヨーク市立図書館で、バイセクシュアルについての資料を探したにもかかわらず、なんと……なかったのです！　たったの一冊たりとも所蔵されていなかったのです。研究者たちが同性愛ばかりに目を向けるあまり、バイセクシュアルの存在は、こうして無視され続けてきたのだということに直面させられるような経験でした。

自分と同じような目に遭っているであろう、まだ見ぬ仲間たちのことを想ったクラインは、すぐさま行動に出ることにしました。地元のフリーペーパー「ヴィレッジ・ヴォイス」に連絡し、「バイセクシュアルの人は集まって語り合いましょう!」という募集広告を出したのです〈8〉。

そうしてクラインが立ち上げた小さな地元の集まりは、やがて「バイセクシュアル・フォーラム」という自助団体に成長していきました。置き去りにされ続けてきたバイセクシュアルについての研究を、自分こそがきっと進めてみせる。そんな想いを胸にクラインは、いくつもの聞き取り調査を重ねていきました。そしてついに、著書『バイセクシュアル・オプション』(邦題『バイセクシュアルという生き方』現代書館)を発表します。図書館での苦い経験から四年が経った、一九七八年のことでした。

キンゼイ・スケールから三十年。ついにクラインが完成させた改良版の理論は、文字通り次元が違うものでした。キンゼイたちの手法が、同性愛と異性愛を両端においた直線である〝スケール〟であったのに対し、クラインはそれらに経験や自己認識といったさまざまな要素を組み合わせ、〝グリッド〟に進化させたのです。その名も、クライン・セクシュアル・オリエンテーション・グリッド……略して「KSOG」（※公式名称）!! もうちょっと日本語成分を増やしてみると、「クライン性的指向グリッド」となるでしょうか。さっそく、どんなものなのかみてみましょう。

診断法13 「性のあり方をセルフチェックできる、クライン性的指向グリッド（KSOG）」

クライン性的指向グリッドは、七段階に分かれたキンゼイ・スケールをベースに、次の表に記入していく仕組みになっています。詳しい説明は続けてすることにしますが、まずは表をご覧頂きましょう。

要素	過去 （1年以上前）	現在 （1年以内）	理想 （今後、自由に選べるとしたら）
1.性的魅力 どの性別の人に 性的魅力を感じますか			
2.性的行動 どの性別の人と 性行為をしてきましたか			
3.性的空想 どの性別の人について 性的な想像をしますか			
4.感情的嗜好 感情的に言って、 どの性別の人に惹かれたり 親近感を覚えたりしますか			
5.社会的嗜好 社会的に言って、 普段どの性別の人と 一緒に過ごしていますか			
6.生活的嗜好 同性愛的コミュニティと 異性愛的コミュニティ、どちら で過ごすことが多いですか			
7.自己認識 同性愛的か異性愛的かで 言えば、自分はどちらだと 思いますか			

Fritz Klein「The Bisexual Option: Second Edition」より抄訳。

枠内には、一ポイント＝異性もしくは異性愛、七ポイント＝同性もしくは同性愛として、数字を割り振っていくことになっています。たとえば1番の「性的魅力」の欄で、同性にも異性にも半々に魅力を感じる人は四ポイント、異性にしか魅力を感じないという人は一ポイント……というように。多いからいいとか少ないから悪いとか、そういう話でもありません。また、自分のことを同性愛的だとも異性愛的だとも思わないからポイントを振りようがない、自由記入にしてほしいという方もいらっしゃるかと思います。ただ、少なくともここでクラインが言っているのは、各欄の合計ポイントが多ければ多いほど〝同性愛者寄り〟、少なければ少ないほど〝異性愛者寄り〟なのだということですね。同性愛者と異性愛者のふたつにキレイに分かれるわけじゃないでしょ、人の性のあり方はもっといろいろでしょ、っていうことです。

どうでしょう。ご自分の場合を考えて、ついついいろいろ思い起こしてしまったのではないでしょうか。もしかしたら「自己認識って言われても、自分でもよくわからない」とか、「性行為したことある前提で質問するのやめろよ」って思う方もきっといらっしゃることでしょうね。

ということで、このグリッドだけで誰もかもを整理できるわけではもちろんないわけです。クラインの功績は、「性のあり方って『同性愛／異性愛』なんていう単純なモノじゃないよね」というキンゼイたちの主張を更に発展させ、同性愛―異性愛の二項対立に、現在・過去・未来の希望という時間軸を導入したことです。「単純じゃないっていったって、どう複雑なの？」という問いに、「こういうことです」と提示されたのがこのグリッドだったというわけです。

このクライン性的指向グリッドを発表後、クラインはカリフォルニアに移住、バイセクシュアル・フォーラムをニューヨークの外にも広げていきました。また、雑誌「ザ・ジャーナル・オブ・バイセクシュアリティ」を創刊、米国バイセクシュアリティ研究所も創立し、バイセクシュアルについての研究と啓蒙に人生を捧げて生涯を終えました。

なお、クラインが立ち上げた「ザ・ジャーナル・オブ・バイセクシュアリティ」や米国バイセクシュアリティ研究所は、二〇一五年の今も続いています。

同性愛が心の病気とされていたころの診断法いろいろ

キンゼイ・スケール、そしてクライン性的指向グリッドと、あくまで異性愛以外のあり方を多様性の一部ととらえた見方をいくつかご紹介してまいりました。多くの人が死に追いやられた第二次世界大戦期を思えば、これらの見方は、異性愛でない性愛のかたちを犯罪扱いにも病気扱いにもしない点で、ずいぶん進歩的に思えてきます。

ですが、まだまだハッピーエンドには程遠い時代です。たとえば、一九六一年に日本で出た医学書には、同性と性行為をしたり同性に恋をしたりした人々が、自分から「治したい」と望んで病院にかかっていたことが記録されています〈9〉。同性を好きになる気持ちを、人々は「心の病気」だって考えていたわけです。恋の病、じゃなくってね。

もちろん、心の病気であることが良いとか悪いとかって話じゃないんですよ。ただ、人が人を好きになる気持ちを、「それは病気だから病院で治る」扱いされるのは、なかなか失礼な話じゃない？　なので、「同性愛の非犯罪化」だけじゃなく、「同性愛の非病理化」——同性愛は病気じゃありません、っていう動きも活発化していくことになります。

ここまでの流れをまとめてみると、「同性愛は犯罪だ！」「いや、違う、生まれつき異性愛者とは違う人々の特性なんだ！」「じゃあ、どこが違うのか調べれば治せるんじゃない？」「ちょっと人体実験してみよーっと」「いやいやいや、同性愛者だって人間なんですけど。っていうか、人が人を好きな気持ちを病気扱いしないでくださいよ」……っていう感じですね。

この第4章の後半では、そうした同性愛非病理化の動きを見ていくことにしましょう。まずは、同性愛が心の病気とされていた当時に、同性愛診断法と称して行われてきたことをご紹介していきます。

診断法14

「四五五問のクイズで同性愛チェック！ターマン・マイルズ・テスト」

一九三六年、アメリカの心理学者ターマンとマイルズによって考案された、心理学的な男性性と女性性を調査するための心理テストです。同性愛診断のためだけに考え出されたものではないのですが、たとえばこのテストで〝女性的〟という診断結果が出た男性は、同性愛者かその予備軍なのだと考えられていました。

ちょっと、どんなテスト内容なのか見てみましょうか。ちなみに論文では、男性同性愛者のことを「性的倒錯者」、異性愛者のことを「正常」と書いていますので、当時の価値観にならい、こちらでもそのように表現することを申し添えておきます。読んでいてイライラする方もいらっしゃることでしょうけれど、論文に書いてあることをまとめた結果ですから、どうか怒らないでほしいです。あくまで、一九三〇年代当時の雰囲気を味わいながら読んで頂ければと思います。では、いきますよ。

単語による連想テスト

次の太字で示された単語から、連想される単語をひとつ選んでください。

- 貯蔵庫——**基地／暗い／窯／野菜**

⇩正常男性は「基地」、性的倒錯者は「野菜」と答える。

「野菜」と答えるのは専業主婦的な発想であり、性的倒錯者はよく家事をするものだ。

- 列車——**エンジン／ガウン／旅行／ホイッスル**

⇩「エンジン」と答えることこそが男性的である。

正常男性の八〇%、性的倒錯者の四〇%が「エンジン」と回答している。

知識テスト

次の設問について、正しい答えを選んでください。

- 「マリーゴールド」とは何の一種でしょうか？
織物／花／種／石
⇩おそらく性的倒錯者のほうが花に詳しいので、「花」と正答できるはずだ。

- 「ベートーベン」はどんな職業の人として知られていますか？
作曲家／画家／詩人／シンガー
⇩性的倒錯者は音楽に詳しく、ベートーベンがシンガーでないことを知っている。

- 「トウキョウ」は次のうちどの国の都市ですか？
中国／インド／日本／ロシア

⇩性的倒錯者は地理に詳しくなく、「トウキョウはインドの都市」と答えがちである。

（Lewis M. Terman, "Sex And Personality-Studies In Masculinity And Femininity" Read Books Ltd, 2013 より抄訳、および要約。各テストの項目名は訳者による）

いかがでしょうか。私は鼻から「フフェッ」みたいな変な笑い声が出ました。その他にもターマン・マイルズ・テストは、好きな偉人、好きな職業、旅行でしてみたいこと、あと「黒人を恐いと思いますか？」みたいな「えっ？」って聞き返したくなる質問など合計四五五問で構成されています。読んでいて何回も「フフェッ」ってなります。

ご覧の通り、このターマン・マイルズ・テストは、明らかにアメリカの白人しか想定されていない質問内容でした。その上、「機械好き＝男」「お花好き＝女」みたいなめちゃくちゃベタなイメージでつくられていたため、テストを受ける人がわざと「男らしいとされる回答」「女らしいとされる回答」を狙うことも容易でした。なにより、四五五問です。長いです。ということで、次世代の心理学者がもうちょっと改善したバージョンがこちらになります。

診断法 15

「単語知識ではかる、スレイター選択的ボキャブラリーテスト」

どんな言葉をいくつ知っているかで、個人の男らしさ・女らしさをはかることができる。そう考えたのが、英国の精神科医、エリオット・スレイターとパトリック・スレイターでした。ターマン・マイルズ・テストから十一年後の一九四七年、ふたりは「同性愛の精神分析的様相」という論文でこんな診断方法を提示しています〈10〉。

次の各グループにある単語の意味を説明してください。

- 単語群 **0** 男女問わず正答率8％以下、もしくは92％以上の単語グループ

弓／銃／ロマンス／カウボーイ／ヘロイン／磁石／エンジン／スパナ／かわいい
ロココ／人形／花瓶／タペストリー／裾／マラブー／刺繍／ヌートリア……など

● 単語群 **M**：女性より男性のほうが正答率が高い単語グループ

ブーメラン／レイピア／トマホーク／歩兵／カソード／エレクトロン／ＫＯ／パドック

六分儀／ジョイスティック／ほぞ穴／じゃばら／デフォルト／スクラム……など

● 単語群 **B**：男性でも女性でも正答率があまり変わらない単語グループ

信管／イグルー／レプラコーン／タンガ／頭蓋骨／日蝕／子午線／スキットルズ

請求書／減価償却／バリトン／修道院／モカシン／スウェード／ガーデニア……など

● 単語群 **F**：男性より女性のほうが正答率が高い単語グループ

キャラウェイ／キャセロール／キュイジーヌ／キューティクル／マスカラ／サシェ

キャミソール／シフォン／オーガンジー／マフ／ブドワール／ピオニー……など

これらは、テストに使われた単語群の一部です。それにしても、単語群Ｆ（女性のほうが正答率が高い言葉）のカタカナ率がものすごいですね。

テストを考案したスレイターらは、これを、イギリス・サットン病院の〝患者〟であった同性愛者たち三十七人に試してもらうことにしました。その結果は、〝患者〟たちの特徴や経験――たとえば「女の子っぽい声と顔」とか、「セックス経験はないが同性愛的な妄想をしている」とか、「陸軍で同性愛に〝感染〟し、妻とアナルセックスをしたが満足しなかった」とか――といっしょに、論文にまとめられています。スレイターらによれば、同性愛者は総合的に単語テストの結果がよく、「通常よりも知能が高い」のだそうです。

それにしても、病院という限られた場においてたった三十七人の同性愛者を調べただけで「同性愛者は通常よりも知能が高い」と言ってしまうあたり、当時同性愛者がどれだけ珍獣扱いされていたかということがうかがい知れますね。

このころのイギリスでは、同性愛が犯罪とされており、有名なところでは数学者のアラン・チューリングも起訴されています。こういったテストの正当性を確かめるのに充分な数の同性愛者を集めるには、ちょっと厳しすぎる社会状況だったのでしょうね。

診断法 16

「なんと日本の公務員試験でも!? ミネソタ多面人格目録」

続いては、先にご紹介したスレイターの単語テストと同時代のものをご紹介しましょう。「ミネソタ多面人格目録（ＭＭＰＩ）」っていう、怪奇小説のタイトルみたいな名前の診断法です。これは、平たく言えば「心の病気があるかないか」を見分けるためのテストで、統合失調症・抑うつなどに加えて同性愛者を見分けるための設問も設けられています。一九四〇年代にアメリカのミネソタ大学で開発されて以来、ミネソタ多面人格目録（ＭＭＰＩ）は瞬く間に精神医学界のスタンダードとなり、その後数十年にわたって改良が重ねられていきました。

気になる質問項目は、たとえばこんな感じです。

・時々、発作的に笑ったり、泣いたりして、感情を抑えきれなくなることがありますか。

（はい／いいえ／どちらでもない）

・誰かがあなたを陥れようとしているに違いないと思いますか。
（はい／いいえ／どちらでもない）

・時々、悪霊に取りつかれることがありますか。
（はい／いいえ／どちらでもない）

……なんというか……うーん……こんな質問だと、正常なフリをするのも異常なフリをするのもとっても簡単そうですね。たいへん素直な質問内容です。

そんな素直なミネソタ多面人格目録（ＭＭＰＩ）ですが、はたして、同性愛者を見分けるためにはいったいどんな質問をしているのでしょうか？　気になるその項目は、こちらです！

・異性より同性に強い魅力を感じますか。
（はい／いいえ／どちらでもない）

……素直ですね。とても、素直ですね。

他にも、男性に対して「『女に生まれていればよかった』と思うことがよくありますか」と聞いたり、女性に対して「『女として生まれなければよかったのに』と思ったことはありませんか」と聞いたりしています。つまり、人の性自認や性的指向を、ものすごく直接的に聞いているわけです。そんなミネソタ多面人格目録（ＭＭＰＩ）は、就職試験の適性検査として使われたりもしたんですが、正直なかなか失礼な話ですよね。それって、入社希望者にいきなり「あなたは実は心が女なんじゃないですか？」とか「同性愛者の採用は我が社ではちょっと……」とかやっているようなものですから。

まぁ、七十年以上も前の話だししょうがないか、って気もしますが……これ、なんと、二〇一〇年代の日本でも使われちゃってるんですよ。しかも、市町村職員や警察官や教員の採用試験で！

さすがにまずいでしょ、ってことで、二〇一三年には、この件について国会議員が内閣に対する質問状を提出しています〈1〉。それに対し、内閣総理大臣名義で提出された答弁書には、次のようなことが書かれています。

教員の採用選考に係る適性検査において御指摘の「ＭＭＰＩ」を使用した都道府県及び政令指定都市の教育委員会の数については、平成十九年度から平成二十三年度までのものは把握していないが、平成二十四年度においては十三あると承知している。その具体的な都道府県名及び政令指定都市名については、教員の採用選考に係る適性検査において「ＭＭＰＩ」を使用していることを公にしないとの条件で任意に情報提供がなされたものであることから、お答えを差し控えたい。

その他にもいろいろ書かれているんですが、要約すれば「具体的にどの自治体がやったとは言えないんだけど、改善に向けて頑張るね〜！」というような内容です。頑張ってくれているんでしょうか。頑張ってくれていることを願ってやみません。

それでは続いて、次の診断法のご紹介に移りましょう。このミネソタ多面人格目録（MMPI）に負けず劣らず、とっても素直な内容です。

診断法17

「異性愛者は〇〇しがち、お人形さんテスト」

アメリカの医師のたまごが集う、ジョンズ・ホプキンズ大学。こちらで一九六四年に行われた研究は、お人形さんを使って同性愛者を見分けるというものでした〈12〉。

実験には、フェルトでできた人形と、フェルトでできた土台が使われました。人形には、男性に見えるものも女性に見えるものもあり、被験者たちはこれらの人形を好きなように並べるように言われます。実験者いわく、被験者には、同性愛者もそうでない人もいたようです。

さて、想像してみてください。

それぞれ、どんな結果になったと思いますか？

先に言っておきますが、特になんのひねりもない結果報告です。同性愛者でない人は、お人形を男女ワンセットで扱いがちであったのに対し、同性愛者は男性同士の人形をくっつけて置く傾向が見られたと報告されています。素直ですね。とても、素直ですね。

これらに対して、もうちょっとひねったやり方であり、同性愛診断法としてとっても人気だった手法がこちらになります。

診断法18

「こじつけか、それとも……？ロールシャッハ・テスト」

流れる雲のかたちを見ながら、「あの雲、○○みたいに見えるなぁ……」なんて考えたことのある方は少なくないでしょう。この「無意味なはずの模様や図形が何に見えてくるか」で、人の心理を分析できるはずだと考えた人がいました。スイスの精神科医、ヘルマン・ロールシャッハです。

ロールシャッハは、美術教師であった父親の影響もあり、子どものころから絵を描くのが大好きでした〈13〉。特にお気に入りだったのが、クレクソグラフィーという手法での作品制作です。紙にポタポタとインクをたらし、それを半分に折って押さえつけ、もう一度そっと開くと、思いもよらない図形ができている……という不思議な手法。ロールシャッハはこのクレクソグラフィーに熱中し、友人たちから「クレックス（染み）」というあだ名をつけられるほどでした〈14〉。

そして一九二一年、クレックスことロールシャッハは、アートと精神分析を融合させて「ロールシャッハ・テスト」を発表します。クレクソグラフィーでつくったインクの染みを被験者に見せ、「何に見えますか？」と尋ねることで被験者の内面を知ろうというのです。

ロールシャッハ自身には、このロールシャッハ・テストを同性愛診断のために開発したつもりはなかったようです。このテストは同性愛だけではなくて、あくまで人の心を広く知ろうとするためのテストでした。しかしながら、ロールシャッハ・テストを発表して間もなく、ロールシャッハはたった三十七歳の若さで亡くなってしまいます。そしてロールシャッハ・テストは、その研究を深めようという後世の人々により、ロールシャッハが意図していなかったであろう方向にまで使われていくことになります。

たとえば、米軍が軍内部から同性愛者を排除しようと躍起（やっき）になっていた一九四〇年代以降には、ロールシャッハ・テストの結果で同性愛者を見分けようという研究が花盛りになりました〈15〉。これらによれば、「男性同性愛者っぽい」とされた答えは次のようなものです。

ロールシャッハ・テストで男性同性愛者的だとされた答え方

- インクの染みが人間に見えた場合に、男女の区別をあまりつけない。
- 「男性ふたりが踊っています」というような、同性をペアにする回答をよくする。
- 「肛門に見えます」「ペニスに見えます」など、性的な回答をよくする。

女性同性愛者についての研究は比較的少ないのですが、たとえばこんなことが言われたりしました〈16〉。

ロールシャッハ・テストで女性同性愛者的だとされた答え方

- インクの染みが人間に見えない場合が多い。

- 男性を軽蔑するような態度を見せる。

どうでしょうか。私にはちょっと、とってつけたような見方よねっていう気がします。「女性同性愛者は男性が嫌いなはずだ」とか、「男性同性愛者はセックスのことで頭がいっぱいなはずだ」とか、そうした偏見がそもそも研究者の側にあり、そこから導き出された研究結果であるように思えるのです。

この時代の研究者が被験者として選んだ同性愛者は、多くの場合、研究対象として偏っていました。たとえば、次のようなグループの人々です。

- 当時の精神医学で「性的倒錯者」と診断された患者
- 同性愛の罪で投獄された囚人
- 同性愛を理由に米軍から排除され、軍事刑務所に入れられた囚人

つまりは、もともと抑圧され、不幸な目に遭わされている人々ばかりが被験者にされて

いたわけです。それから研究者もまた、被験者をはなから異常者扱いしたり犯罪者扱いしたりしていたわけですね。

当時、人間が同性を愛する気持ちは、「恋」とか「愛」だとみなされてはいませんでした。それは「恋」でも「愛」でもなく、「犯罪」であり「病気」だったのです。

そんな心理学界に斬り込んでいった、若い心理学者がいました。彼女はやがて、この本のはじめからご紹介してきた人々がたどりつくことのできなかった夢に——同性愛の非犯罪化、そして非病理化という夢に、その研究で橋を架けていくことになります。

彼女はいわゆる異性愛者でしたが、同性愛者を異常者であるとも犯罪者であるとも見なしていませんでした。ただ、ひとりの人間として学界に挑み、同性愛者も異性愛者も変わらず同じ人間であることを証明したのです。

この章の最後には、そんな彼女の功績をご紹介することにしましょう。

エヴリン・フーカー。亡くなった今もファンの多い、伝説の心理学者です。

同性愛が犯罪でも病気でもなくなった日

エヴリン・フーカーは一九〇七年、アメリカ・ネブラスカ州の豊かな自然の中に生まれました。実家は貧しいながらもにぎやかで、九人兄弟の六番目。すくすく育ったフーカーには、ちょっとしたコンプレックスがありました……背が、人よりだいぶ高かったのです。

そのころのアメリカはまだまだ、「女の子には教育も身長もいらないよね」みたいな空気でもやっと覆われている社会状況でした。ですがフーカーの母親は、そんな時代の空気に呑まれることもなく、彼女にこう言い聞かせて育てました〈17〉。

「エヴリン、よく勉強するんだよ。人が勉強して得たものだけは、誰にも奪えないものなのだからね」

そう言ったフーカーの母親は、小学校三年生までしか教育を受けることができなかった人でした。

フーカーは、いっしんに勉強に打ち込んでいきます。先進的な両親と、たくさんの兄弟に囲まれて。その結果はめざましいものでした。女の子が高校に行くというだけですごいことだった時代、さらに輝かしい成績をおさめたフーカーは、一九二四年、たった十七歳でコロラド大学への奨学金を手にします。

しかし、奨学金があるとはいえ、家計を支えながら大学に行くのはたいへんなことでした。フーカーはお金持ちの家にメイドとして雇われ、重い家事と大学での学業を同時にこなしていくことになります。メイドとしてのあまりの重労働に、フーカーはすっかり疲れ果ててしまいました。

そんな中、こんなおいしい話を耳にします。

「心理学専攻になれば、大学の初級クラスのアシスタントとして雇ってもらえるらしい」

これで他人の家の家事から解放される！　フーカーは喜んで心理学科に進み、ますます学業に励んでいくことになります。アシスタントとしての職も得て、成績も上々。フーカーは博士号取得のために、名門・イェール大学でさらなる研究を希望しました。

ところが。

「させるか！　そんな名門大学に女を推薦するなんて、我が校の恥だ！」

「女？　女ならうちの研究所にもいるけど……もうこれ以上はたくさんだね。うちでは女どもは本当に嫌われてるよ」


フーカーが直面させられたのは、当時の学界にはびこっていた、あまりにも幼稚な女性差別でした。フーカーのコンプレックスであった身長もぐんぐん伸び、彼女が大学を出るころには六フィート（約一八〇センチ）にも達していました〈18〉。ようやく博士号を取得出来たころには、もう一九三二年。暗く、不穏な時代でした。更なる研究のためにベルリンに飛び、ユダヤ人家庭にホームステイしていたフーカーを、間もなく第二次世界大戦が襲います。

お世話になったユダヤ人一家は、みんな殺されてしまいました。

フーカー自身も思想犯の疑いをかけられ、研究所から追い出されました。

新たな職を探そうとしても、また「女はいらない」と拒絶されました。

フーカーは、第二次世界大戦のあと、人種や性や貧富の差による差別に打ちひしがれることになります。ようやくカリフォルニア大学で心理学教授としての職を得たものの、フーカーの孤独は満たされることはありませんでした。

そんな彼女に新しい世界を見せてくれたのは、ある風変わりな男性でした。といっても、彼と恋に落ちたわけではありません。むしろ、その可能性がなかったからこそ築けた友情のかたちだったかもしれません。サム・フロムと名乗るその男子学生は、フーカーの教え子として心理学を学んでいた若者であり、同性愛者でした。

フロムは、自分が同性愛者であることをちっとも恥じていませんでした。先生であるフーカーに対しても、自分が同性愛者であることを隠さなかったどころか、ゲイバーやクラブに一緒に飲みに行くことすらありました。

社交的なフロムとの友情が深まるにつれ、フーカーにもまた新しい友だちが増えていきました。その中には、小説家のクリストファー・イシャーウッドや、ロンドン大学教授もつとめた詩人のスティーヴン・スペンダーなど、異常者でも犯罪者でもない同性愛者たちも少なくありませんでした。

「先生、〝俺たちみたいな人間〟を研究してくれよ。これはもう、先生の科学者としての義務だよ！」

サム・フロムにそう言われ、フーカーは〝彼らみたいな人間〟たちの研究を決意しました〈19〉。それは、並大抵のことではありませんでした。女性だというだけでナメられる心理学界の、その常識である「同性愛者は異常者。一般の人間とは違う」という価値観に、女性がたったひとりで挑戦しようというのです！

そこでフロムとフーカーがとった戦略は、実に挑発的なものでした。ただ「同性愛を心理学的に研究しました～」だけでは、学界でスルーされるのは目に見えています。ですから、学界の権威が無視できないよう、こんなステップを踏むことにしたのです。

- フロムの人脈を生かし、男性同性愛者を（刑務所からでも病院からでもなく）三十人集める。
- 続いて、男性異性愛者も三十人集める。
- 合計六十人の被験者に、ロールシャッハ・テストなど、当時主流であった心理検査を受けてもらう。

● その結果をまとめたうえで、被験者のプロフィールだけ隠して心理学界の権威に提出し、「あなたたちはこの心理検査結果だけで同性愛者を見分けることができますか？」と問う。

そんな挑戦状を叩きつけられ、心理学界のお偉いさんたちも黙っていませんでした。「私なら間違いなく同性愛者を見分けてみせる」と、学者たちは自信満々。中には自らのプライドを賭けて、六十人分の検査結果を検討するのに半年もかけた学者もいました。ですが、みんなみんなみんな不正解〈20〉。「もう一回やらせてくれ！」と食い下がった学者だって、やっぱりまた不正解でした。同性愛を異常扱いしていた心理学者たちは、六十人のうち誰が同性愛者なのかということを、ちっとも見分けることができなかったのです！

そうして、百数十年の闘いはゆっくりと幕を下ろしはじめました。一九七三年、アメリカ精神医学会は、ついに「同性愛は病気ではない」と公式に認めます。続いて一九九四年、ドイツで同性愛を犯罪と定めていた刑法一七五条も完全廃止となり、「同性愛は犯罪ではない」とする流れが加速していきました。

笑いものにされたウルリヒスが、友だちを自殺に追いやられたケルトベニが、著作も研究所もナチスに燃やされたヒルシュフェルトが、そして歴史に名も残されぬまま死んでいった無数の人々が、あんなにも夢見てきた刑法一七五条の廃止。それが、百数十年の時を経て、ついに、ついにかなえられたのです——。

その後、フーカーは第一線を退き、自分のクリニックで多くの人々の話に耳を傾けて過ごしました。晩年のフーカーのもとには、同性愛者だという男性から、こんな手紙も届いたといいます。

「あなたは、やり遂げたのです。あなたは愛に触れ、愛を知り、そしてたどりついたのです。同性愛もまた、他のすべてと変わらぬ愛である、という答えに」〈21〉

……ここでお話をおしまいにできたら、どんなにきれいなことでしょう。ですが、人間の歴史はまだまだ続きます。この本もまだ少し続きます。ひとつの試練を乗り越えた先には、また新たな試練が待っているものなのです。

同性愛はまだ世界中で非犯罪化されたとは言い切れず、二〇一五年現在七十か国近い国々で有罪とされています。また、同性愛が病気でなくなったその直後にも、人類は世界的なエイズ禍に直面し、当時原因不明の奇病であったエイズが男性同性愛者のせいにされました。

今でこそ、エイズの原因はＨＩＶウイルスだと突き止められており、男性同性愛者だけの病気ではないということがわかっています。ですが原因がまだわかっていなかったころ、この病気は男性同性愛者のせいにされ、「ゲイの癌（Gay cancer)」と呼ばれていたのです。

それに加えて、現代では、ウルリヒスやケルトベニの時代にはなかった独特の問題も浮上してきています。ですから、この本の最後となる第5章では、私たちが生きる今に、現代に目を向けることにしましょう。

第5章

現代社会と同性愛

(–2015)

さて、最後の章に入りました。ここまでは、さまざまな時代から、同性愛診断法として使われたことがあるいろいろな方法を、全部で一八種類ご紹介してまいりましたね。

ですがそれらを通して浮かび上がるのは、決して同性愛者の診断方法それ自体ではありません。むしろ、〝診断〟という無機質で学問っぽい行為の裏に隠れた、生温かく人間くさいもののほうにこそ私は焦点を当てて書いてきたつもりです。

人間の歴史は、いまも続いているのです。国連や世界保健機関などの国際機関は、現在、同性愛を犯罪とも病気ともみなさずに「人権」としています。しかし、そんな状況でも、まだまだ〝同性愛診断法〟と称するものがつくり出されつづけているのです。いったい、どうしてだと思いますか？

なぜ、人は同性愛を〝診断〟したがるのでしょうか。

なぜ、人は同性愛者を、〝診断〟によって見分けられるある種の他者として切り離しつづけるのでしょうか。

最後の章では、現代もつくられ続けている「同性愛診断法」のいろいろを見ていくことで、現代を生きる私たち自身のあり方を考えることにしましょう。ということでまずは、今までの状況のおさらいです。

現代も同性愛を「犯罪」「病気」とみなす地域

「科学」という言葉は、しばしば、意見を補強する道具として使われがちです。医師であったヒルシュフェルトすら、同性愛は生まれつきであるという主張を証拠もなしに「科学的知見」と呼びました。同性愛者をこれ以上自殺に追い込んではならないという主張を、彼は「科学」という言葉で補強したのです。

そんなヒルシュフェルトを死に追いやったヒトラーたちが、同性愛者たちを殺すために振りかざしたのもまた「科学」でした。彼らには、「同性愛は劣っている」「同性愛は治療できる」という価値観が先にありました。その価値観に沿う研究をヴァーネットたちのような科学者にさせることで、自分たちの迫害・虐殺行為に「科学」のドレスを着せたわけです。

人の思惑と科学とは、なかなか切り離せるものではありません。科学者本人たちが真剣にやったって、まわりがいいように利用してしまうこともあります。たとえば、第2章でご紹介した『プシコパシア・セクスアリス』が『変態性慾心理』と訳されて変態ブームに仕立て上げられた件、第4章でご紹介したキンゼイ・スケールが「人間は同性愛者と異性愛者には分かれないよ」って言ってるのに同性愛診断法として見られてしまった件、などのように。

そんな中でも、同性愛の非犯罪化・非病理化を目指して闘った人たちがいました。この本でご紹介したのは、そういった人々の中のごくごく一部です。後世に名を残した人も、たとえ人の記憶に残らなくったって自分の力を尽くした人も含め、数えきれないような人たちの想いがあって、いま、今日という日がここにあります。

完璧ではないかもしれません。

けれど、国連やホワイトハウスや日本の法務省までもが、同性を愛することを病気でも犯罪でもなく「人権」だとみなすようになった時代が、現代です。いまのあなたや私が生きる、現代です。

とはいえまだまだ、同性愛の非犯罪化・非病理化は完全になしとげられてはいませんけれどね。たとえば二〇一五年八月時点では、「イスラム国」を自称する組織により、少なくとも三十人の同性愛者（とされた人）が〝処刑〟されたことが明らかになり、そのことについて国連安全保障理事会が討議しています〈1〉。

二〇一五年の時点で、同性愛をなんらかの形で犯罪とみなしている国の数は、七十か国以上。国際社会によって「国」と認められていない地域や、同性愛自体でなく同性愛を肯定的にとらえる表現が犯罪とされる国も含めれば、その数は八十か国以上ともいえます〈2〉〈3〉。同性愛者を死刑にしているのは、そのうち八つです。

また、二〇一五年十月には、中国の社会活動家であるジョン・シェン氏らが、中国の病院で同性愛治療と称して行われている電気ショックを隠しカメラで撮影、イギリスのテレビドキュメンタリーに告発しました〈4〉。

日本でも、さすがに同性愛治療と称したものを行っている病院はおそらくもうないでしょうが、「除霊をすれば治る！」とか「食事療法で治る！」とか言ってお金を巻き上げている人の話なら耳にしますね。

さて、そんな状況の現代でつくられ広まりつづける同性愛診断法（と称されるもの）の、その具体例を見ていきましょう。

“ネタ”としての同性愛診断法

まずはじめに、アプリやSNSなどで、「【閲覧注意】隠れゲイ度がわかる心理テスト……」みたいなノリで消費されていくものを実例で見ていきます。

診断法 19

「本当は○○の診断法なのに……日本のネットで広まったデマ」

「目で見る心理状態テストです」

二〇一一年十一月ごろから、こんなデマが日本のネットで拡散され続けています〈5〉。さまざまな色の点が円形に集まった図が、全部で六種類並べられ、それぞれの中に数字が見えるかどうかで心理状態がわかる、というような内容です。

六種類の図のうち五番目には、こんな説明がつけられて

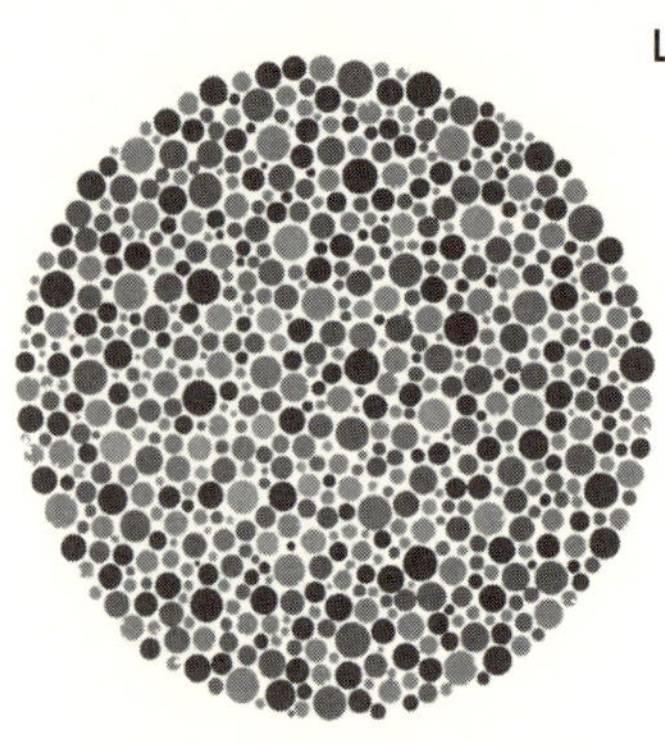

同性愛者を判別するとされているデマ画像。
実際は、色覚異常を検査する画像。

いました。

「絵の中の数字が見えない場合……同性に人気があり、同性愛者が多い」

しかし、実はこれ、もともと数字なんか見えないように加工されているもの。そうとも知らずに多くの人が、「五番が見えないｗｗｗｗｗｗ」「詰んだ」などといって拡散していったのです。いつまで拡散されつづけるのかわかりませんが、二〇一五年十月にもツイッターに載せられていたことを私は確認しています。

このデマはもともと英語圏発祥のようで、「ロシア陸軍の入隊テストだ」というウソといっしょに拡散されていきました。画像自体は「石原式色覚異常検査表」という、かつて学校の健康診断で使われていたもの（※現在はほとんどの学校で廃止）を勝手に悪用しています。

もちろんこんなデマを拡散しないでほしいですし、ましてやこれをネタにしたアフィリエイト目的サイトのＵＲＬも踏まないでほしいです。確認したい方は、「絵の中の数字が見えない場合」で画像検索するくらいにとどめ、リンク先のサイトは見ないようにしてください。

このようなデマは、未だに懲りもせずにつくられ続けているようです。「これが○○に見えた人は同性愛者」とか「絵の中で踊っている人が見えたら同性愛者」とかなんとか……。でも、そうやってネットに出典もなしに転がっているネタには何の信憑性（しんぴょうせい）もないだろうってこと、情報リテラシーのある方ならわかりますよね。同性愛診断法、なんていう名を騙（かた）るものに限らなくてもね。

さて、こうやって面白おかしく「同性愛診断法」なるものを消費する場は、ネット上だけとは限りません。

診断法 20

「アメリカの男子生徒たちが授業中に試した『ゲイ・テスト』とは」

二〇一二年、アメリカ・サンディエゴのミドルスクール（※日本でたとえれば中学校程度にあたる）で、九人の男子生徒が停学処分を受けました。その理由とは、授業中に携帯電話で「ゲイ・テスト」を試したから、というもの。それだけで停学は厳しすぎるんじゃない？　と思われるかもしれませんが、この「ゲイ・テスト」の具体的な内容を聞いたら意見が変わる方もいらっしゃるでしょう。

この生徒たち、授業中に、男性同士の絡みを映したAVを観て自慰をしていたんです。それで興奮したらゲイ、興奮しなかったらゲイじゃない、というゲーム感覚での行為だったといいます〈6〉。

学校では、なかなか教えられることはありません。人類が「同性愛診断」と称して何をやってきたか、同性愛は「診断」ができるものなのかどうか、そもそも、「同性愛」とか「同性愛者」とか「ゲイ」といった言葉がどんな歴史の末に生み出されたものなのか、ということを。

彼らが受けていた教育が、いったいどんなものであったのかは記事からはわかりません。しかし、この事件について、「子どもに『同性愛』は不適切だ！」「子どもを『同性愛』から守れ！」みたいな方向性で怒っている大人たちの姿を見ていると、私は違和感を禁じ得ないのです。これって、子どもばかりを停学処分にして済む問題なのかしらね、って。

同性愛が〝ネタ〟にされるような風潮は、どうして、そしていつまで続くのでしょう。

こういった個人レベルでのことに限らず、国家レベルでも、同性愛診断法と称するものはつくり出されつづけています。

繰り返す歴史、国家レベルでの同性愛診断法

お話してきたとおり、同性を愛することが病気や犯罪ではなく人権だという認識は、国際機関が言っていることではあるものの、国際的な共通認識になったというわけではありません。むしろ、「ＬＧＢＴの権利は人権です！」みたいな物言いに対して、「欧米の価値観の押し付けだ」と怒る人々も少なくないのです。

その背景には、かつて欧米諸国に侵略されたアフリカ諸国の人びとの悲しみと怒りも隠されています。「昔キリスト教を持ち込んで『同性愛はダメ』って言ってきたと思ったら、今度は『ＬＧＢＴの人権』だと？　ふざけるな。もう振り回されてたまるか！」というような。また、イスラム教圏にある諸国からは、「やれ『女性の権利』だの『ＬＧＢＴの権利』だのと言ってきて、うちの国の文化に差別のレッテルを貼るのはやめろ！　何が『多様性』だ！」というような声も聞かれますね。

もちろん、アフリカ諸国やイスラム教圏の全員がそう思っているわけでは決してありません。ですが、それらの国々の中でも特に反同性愛的な活動に目を向けた場合、反同性愛

が反欧米に根差していることは珍しくないのです。

このことを踏まえた上で、欧米諸国の外における現状をみてみましょう。

診断法21

「同性婚式出席者に、エジプト警察が同性愛テストを強制」

夜のナイル川を進む、一隻のクルーズ船。おしゃれな細身スーツ姿の男性たちが、ケーキを囲んで歓声を上げている。ひときわ背の高い男性が、思わせぶりに赤い小箱を取り出す。かたわらの男性は口元に手をやり、幸せそうに微笑(ほほえ)んで彼を見上げる。わきおこる手拍子、歌い出す友人たち。薬指に金色の指輪をして、ふたりの男性は、歓声に包まれながら抱き合い、キスをする――。

そんな動画がアップロードされたのは、二〇一四年八月の終わりでした〈7〉。ふたりの幸せな日を祝った出席者たちには、思いもよらなかったことでしょう。のちに、この動画に映った人たちが、みんな捕まって「同性愛診断法」を強制されることになるなんて。

ナイル川での結婚式動画は、SNSを通して、瞬く間にエジプトじゅうを駆け巡ることになりました。「殺せ！」「死刑にしろ！」というコメントも書き込まれていたと、イギリスのニュースサイトは報じています〈8〉。のちにエジプト警察は、結婚式動画に映っていた男性たちを逮捕しました。その罪状は、「風紀を乱す映像を流布したこと」だったそうです。

逮捕された人たちには、医師による「同性愛診断法」が強制されました。これは、医師が男性の肛門を調べることで、本人に男性同士の性交経験があるかを判断するというもの。果たして根拠となる論文が存在するのか、いわゆるアナニー（肛門を使った自慰）をしている人まで男性同士の性交経験ありと誤認されることはないのかと、いろいろツッコミどころは思い浮かびますが、この件については逮捕者全員が「同性愛者ではない」と判断されたようです〈9〉。

余談ですが、エジプトでは、政府のスパイが同性愛者を見つけ出すため、ゲイ向け出会いアプリでおとり捜査しているという噂もあります〈10〉。これらはすべて、英語圏のメディアが報じた情報に基づいていることなのですが……とにかく、結婚式動画に映っている人々が、結婚式を理由に逮捕されるなんてことが繰り返されないように願うばかりです。

さて、肛門を調べたがる風潮っていうのは、エジプト警察に限ったことではないようです。続いては、こうした検査を、その国の外（つまり、日本など）から来た人にまで行おうとした例をご紹介しましょう。

診断法22

「同性愛診断法を理由に、ワールドカップをボイコット？」

二〇二二年にカタールで予定されている、サッカーの世界選手権、ＦＩＦＡワールドカップ。これをボイコットしようという呼びかけが、二〇一三年にイギリスから起こりました。ロンドンを拠点とするＬＧＢＴアクティビストが、「（カタールで開催するならば）同性愛者である選手や観客が入国できなくなってしまう」と訴えたのです〈11〉。

というのも、「僕たち同性愛者はカタールになんか行ってやらないぞ！」みたいな話ではありません。むしろ、カタール・クウェート・サウジアラビアなどの湾岸諸国側から同性愛者の入国を拒否していたのです。二〇一三年といえば、クウェート保健省のユスフ・ミンカール氏が、クウェート国内の新聞にこう発言した年でした。

「湾岸協力理事会加盟国（※筆者注……発言当時は、クウェート・アラブ首長国連邦・バーレーン・オマーン・カタール・サウジアラビアの六か国）では、国外非居住者の入国に際し、医学的検査を行う。特に、クウェートや他の加盟諸国へ同性愛者が入国することを防ぐ観点から、今後はこれを厳格化するものとする」〈12〉

この発言が国際的に報じられると、英語圏ではこんな声が聞かれました。

「また肛門検査じゃね!?」

というのも、クウェートのご近所さんであるレバノンでは、現地警察により同性愛者だとされた男性に対して肛門検査が行われていたのです〈13〉。そういう地域で「同性愛者の入国を防ぐ」っていうんなら、いわば「入国すると肛門を調べられる国」が誕生する可能性は低くないわけですから、そりゃあ、「やめて～」って感じですよね。

ということで、ワールドカップのボイコット呼びかけをはじめ、国際的な「やめて～」の声が上がりました。それを受けてクウェートは、のちに外務省から「いやいや、あれはただの提案なんで」的なコメントを発表します〈14〉。それが二〇一三年十月下旬のことでしたが、それ以降、「入国すると肛門を調べられる国」が誕生したという知らせは聞きませんね。

この件について、湾岸諸国のニュースを英語で報じるメディアは、クウェート国内でも割れている意見を紹介しています。たとえば「(ヨーロッパ諸国は) よその国に意見を押し付けるべきじゃない」という立場の人は、ムスリム女性のまとうヒジャブというベールの例をあげ、これらがヨーロッパ諸国で「学校の校則に反する」とか「女性への押し付けだ」とか批判されたことに言及しています。対して、同性愛者を取り締まるような法律に反対する人の意見はこうです。「我々はみんな人間だ。我々を裁くことができるのは神だけだ」〈15〉。

診断法23 「ピンクの証明書――トルコの軍隊による同性愛者排除」

ここで、やっと肛門検査の話から離れます。けれど、これは肛門検査より屈辱的かもしれません。徴兵制のあるトルコでは、軍から同性愛者を排除しており、兵役対象者が同性愛者だとわかった場合に、その「証拠写真」を提出させていたのです。

二〇一二年にBBCが報じたところによると、兵役対象となったトルコの男性同性愛者たちは、「女装している写真を提出しろ」と言われたり、男性とキスや性行為をしている写真を軍に提出させられたりしていたといいます〈16〉。性行為中の写真を提出させられた男性は、こうコメントしています。

「今でも苦しいです。だって、誰かがあの写真を持っているってことでしょう。軍はあの写真を、私の故郷に、両親に、親戚に見せることだってできるんですよ」

軍が証拠写真などにより同性愛者だと認めた男性は、「ピンクの証明書」と呼ばれる証明書を手渡され、兵役を免除されます。しかしながら、兵役を免除されたとしても、ピンクの証明書を持って生きるということは、同性愛を理由に就職試験で落とされ続ける日々を意味します。たとえ本人が同性愛者であることを明かさずに就職試験を受けたとしても、企業から軍に問い合わせが行き、ピンクの証明書の持ち主であることを知られて落とされてしまうのだそうです。

同性愛者たちが背負わされる証明書には、こう書かれています。「性的精神障害――同性愛」。かつてトルコ軍の病院で働いていた医師がBBCに語ったところによれば、医師たちは軍から同性愛を診断するよう強いられており、なんの診断法もないにもかかわらず診断書を書かざるをえないのだそうです。

職場で暴言を吐かれ無視されてきたある男性同性愛者は、こう語っています。

「それでも私は自分を恥じない。これは、私の恥ではない」

母国を追われる「LGBTs難民」

エジプト警察にクウェート保健省、そしてトルコの軍隊と、いわば「排除のための同性愛診断法」についていくつか例を挙げてきました。そうして排除された人々の一部は、勘当、解雇、拷問、リンチ、死刑などの現実に直面し、母国では生きられないと悟って遠い国を目指します。

しかし、難民として脱出した先でも、またもや同性愛診断法が待っていることがあるのです。「あなたを難民認定するかどうかは、あなたが本当に同性愛者かどうかを調べてから決めましょう」って。

正確に言えば、同性愛を犯罪とする国々から難民として逃れてくるのは、同性愛者だけではありません。バイセクシュアルやトランスジェンダーや異性装者、中には異性愛者を自認しているのに「男らしくない男だなぁ。もしかして同性愛者か?」扱いされた人々もいることでしょう。個人のアイデンティティが尊重される状況ではありませんから、みんな「要は同性愛者だろ」ということで片づけられてしまうのです。こういった「要は同性愛者だろ」という偏見のもと、「女装するゲイ、男装するレズビアン」というステレオタイプを押し付けられる難民たちのことを、ここでは「LGBTs難民」と呼ぶことにします。レズビアン・ゲイ・バイセクシュアル・トランスジェンダーの頭字語がもとである「LGBT」に、その四つにとどまらない多様性を意味する複数形の「s」をつけて。

それでは、LGBTs難民が亡命先で受けさせられる同性愛診断法について、いくつかご紹介してまいりましょう。

診断法24

「チェコ五十年の歴史、ファロメトリック・テスト」

ゲイもののAVを視聴して、勃ったら同性愛者、勃たなかったら異性愛者。こんなことを「同性愛診断法」と称して実行したアメリカの男子生徒たちのことは、この章のはじめのほうでご紹介したところです。実はなんと、このためのマシンまで開発した科学者がいたんですよ。一九六〇年代、チェコスロバキア共和国でのことです。

チェコ生まれの生理学者、クルト・フロイント。男性同性愛について盛んに研究した彼は、一九六五年、とあるマシンを世に問いました。その名も、「陰茎堆積記録計」〈17〉。被験者の男性器に計器をつけることで、その大きさの変化を計測・記録し、あからさまに勃起しているとはわからないくらいの小さな変化すらも見逃さないスーパーマシンです。これを装着した男性被験者に、男性の裸や男性同士の性交シーンを見せれば、同性愛者を見分けることができるのではないか……というのがフロイントたちの研究チームの考えでした。この手法は、「男性器の大きさの変化を測るテスト」ということで、「ファロメトリック・テスト」と名付けられました。

しかし、これでは男性器を持つ人しか検査できませんよね。女性器を持つ人はどう検査すればいいのか、と追加研究がなされた結果、こんなことを思いついた人がいました。

「大きさじゃなくって、色で調べればいいんじゃないかな?」

ということで、女性器には、色の変化を感知する計器が取り付けられることになりました。興奮すれば血流が増えるので、女性器の血色もよくなるはずだ、というわけです。こうして女性同性愛診断法（とされるもの）が開発されたのは、ファロメトリック・テストが開発された十年後、一九七五年のことでした〈18〉。

これを開発した人たちには、想像できたでしょうか。まさか半世紀も後、同性愛が病気ではないということになった未来に、これが難民に対する審査の一環として行われることになるなんて……。

二〇一〇年、欧州連合（ＥＵ）の専門機関は、チェコ共和国に対し「難民審査の場でファロメトリック・テストを行うのは人権侵害だ」と手厳しく批判しました〈19〉。女性器に計器を取りつける女性同性愛診断法（と称されるもの）が行われていたかどうかはわかりませんが、少なくとも男性同性愛については、「男女でのセックスシーンを観て勃った自称ゲイは難民として認めない」みたいなことをやっていたようです。

さすがに現在は廃止されているようですが……それにしても、チェコの難民審査に携わる皆さんには、ＥＵに言われる前に気づいていただきたかったなあという感じです。

迫害は、個人が同性愛者であるせいで起こるわけではなく、同性愛を理由にして他人を迫害する価値観のせいで起こるのです。ですから見るべきなのは、難民申請をした本人が同性愛者かどうかじゃなくて、迫害の事実が本当にあったかどうかですよね。おちんちんの勃つ勃たないを調べるより、その人の言うことに耳を傾け、その人を取り囲む社会状況を知ろうとしてほしかったなあ、というのが私の気持ちです。

だけれども、こうしたケースが起こっているのはチェコだけじゃないんですよ。むしろ難民支援に携わる人の方から、「審査に通りたいならゲイゲイしくしなさい」だなんてアドバイスがされることもあるのだとか。

診断法25

「女装してないならゲイじゃない？難民に向けられる偏見の目」

同性愛者は見た目で分かるものだ、っていう誤解は、わりとありがちなものです。正確には「見た目でわかる同性愛者もいる」って表現するべきなのであって、全部の同性愛者が〝それっぽい〟わけではないんですけどね。

なのに、同性愛者かどうかを見た目で判断しようっていう無駄な試みを、難民審査の場でやっちゃう人もいるみたいなんです。

たとえばニューヨーク・タイムズは、二〇一一年、アメリカへの難民申請を「ゲイっぽく見えないから」「レズビアンらしくないから」ということで却下された人がいると報じています〈20〉。ひどいケースでは、暴力団員から「レズビアンを治してやる」という名目での性暴力にさらされた二十一歳のアルバニア人女性が、「若いし、（男性から見て）魅力的だし、女性の恋人がいるわけでもない。レズビアンだとは思えない」という理由で難民申請を却下された疑いまであるのだそうです。なお、この女性は後に難民として保護されました。

こうしてＬＧＢＴｓ難民にステレオタイプなふるまいを求めてきたのは、アメリカだけではありません。イギリスに逃れてきたＬＧＢＴｓ難民も、普段どんな本を読んでいるか、どんな映像を視聴しているかといった、個人の内面に踏み入るような質問をされているようです。迫害事実の確認ではなく。その中でも象徴的だったのが、こちらのケースでした。

診断法 26

「子どもを産んだらレズビアンじゃない？弁護士の発言が物議を醸す」

「子どもを産んでいる女性は、レズビアンではないはずだ。一度は男性とセックスできているわけだから」――。

SNSでの炎上発言かなんかかなって感じですが、これ、イギリスの家庭裁判所で弁護士さんが言っちゃったことなんです。裁判は、ナイジェリア人女性のアデロンケ・アパタさんによる難民申請を認めるかどうか争ったもの〈21〉。かつてアパタさんは母国において、同性愛を理由に逮捕され、拷問されました。続いて兄弟と息子が殺害され、ご本人にも投石による死刑が言い渡されました〈22〉。

そこで二〇〇四年、アパタさんはイギリスに亡命。しかし難民として認められず、労働許可すらないので働くこともできず、さらにはPTSDに苦しんで自殺未遂をします。それでも一命をとりとめたアパタさんは、社会活動家として再出発。彼女と似た境遇の人々を手助けし、十年後には賞を授与されるまでになりました。

そんなアパタさんご本人と、そのパートナーを目の前に、弁護士はこんなことを言ったのだそうです。

「(アパタさんは) 同性間の関係に溺(おぼ)れてはいますが、いわゆるレズビアンという社会的グループには属しません。なぜなら彼女は、子どもを産んだことがあるからです。『昨日は異性愛者で今日は同性愛者』だなんて、そんなことありえないでしょう? 人種を変えることができないのと同じようにね」〈23〉

人種。

この言葉を前に、私はまた、「同性愛者」という言葉を生みだしたケルトベニのことを想うのです。同性愛を犯罪としていた社会状況下、男性を愛した男友だちが脅迫され、警察にも相談できないまま自殺に追い込まれて以来、「社会のあらゆる不正義と闘う」と決めた百五十年前の作家のことを。

人は「同性愛者」と「非・同性愛者」に分けられるのか？

私たちの生きる今、特に英語圏にあっては、「同性愛は生まれつきのものだ」という考え方が圧倒的優勢になっています。レディー・ガガの名曲「ボーン・ディス・ウェイ（こういうふうに生まれた）」に合わせ、カラフルな衣装で楽しそうに踊る、ＬＧＢＴプライドパレードの参加者たち。そこで「私は〝そういうふうに生まれた〟わけじゃない。〝こういうふうに生きてる〟だけだ」って言い返すことは、ある種の反乱に等しいのです。二〇一四年には、「私にとってレズビアンであることはポジティブな選択だ」と発言した作家のジュリー・ビンデル氏のもとに、「同性愛を『選択』扱いするな！」と批判が殺到する出来事がありました〈24〉。

だけれど。

だからこそ。

私はここで、あなたと一緒に、もう一度読み返してみたいと思うのです。百五十年前に「同性愛者」という表現を考え出したケルトベニが、そして世の中を同性愛者と異性愛者に分断することに反対したキンゼイが、このことについてどんな言葉を遺しているか、ということを。

ケルトベニは言いました。

「(同性愛者が) 生まれつきだと証明すること……それは危険な、諸刃の剣である。(中略) 生まれつきのものであるか否かに関係なく、一四歳以上の個人が双方同意の上で行うことに、国家はそもそも介入する権利がないのだ。それがプライベートなことであり、第三者の権利を侵害しないかぎりは」〈25〉

そして、キンゼイは言いました。

「男性は、異性愛者と同性愛者という二つの不連続な集団からなるわけではない。世界は善と悪には分かれない。白と黒にも分かれない。自然界に不連続なカテゴリがあまり見当たらないというのは、分類学の基本である。ただ、人間の価値観だけがカテゴリをつくりだし、ものごとを別々の小さな箱に無理矢理押し込めているだけなのだ。命ある世界は、なにもかもすべてがつながっている」〈26〉

先人たちの言葉を前に、私は今、あらためて考えています。

なぜ、「異性愛診断法」はほとんど必要とされることがないのか。

なぜ、「同性愛診断法」だけが、面白おかしいネタとして消費されたり、自分が同性愛者かもしれないと不安がる人がすがりつく足場になったりしているのか。

ひとが、異性を愛する。それればかりは「本能」「自然の摂理」と正当化されるのに、なぜ、ひとが同性を愛する気持ちは、診断というかたちで試されつづけなければならないのか、と——。

あなたは、どう思われますか？　いっしょに考えていきたくて、私はこの本を書きました。

私の考えを書いて終わっては、私の主張ばかりが強調されてしまいそうですから、最後には私の意見ではなくて、こんな経験をお話することにしましょう。二〇一五年、フランスの片田舎。女性と結婚した女性である私が、義母と一緒に出かけたら、隣町に住む女好きのナンパおじさんに出会った……という状況下でのことです。

義　母「紹介します。うちの義理の娘です」

私「はじめまして」

おじさん「やあ！　可愛いね。こんな素敵なお嬢さんを射止めるなんて、おたくの息子さんは大した男じゃないか」

私「あの……」

義　母「違います。彼女は私の息子とじゃなくて、私の娘と結婚したのよ」

おじさん「へぇ。君は女と結婚したのか！」

私「はい」

おじさん「わかるよ〜。僕も結婚するなら女がいいもんね！」

そう言うとフランスのナンパおじさんは、また別の女性に絡みにいったのでした。「あっ、タメ語でよかったよね？」と言い残して……。

人間であること。おなじ、人間であること。東京にはしとしとと雨が降り、私は、今ここで書いている言葉が誰かに届くことばかりを考えながらこの原稿を書いています。私には、あのナンパおじさんみたいに振る舞うことはできません。私は彼とは違う人間だからです。でも、彼に「わかるよ〜」と言ってもらえたことが嬉しかった。じんわりと嬉しかった。だって、私は、私だって、彼とおんなじ人間だからです。

人間の歴史は続いていきます。ウルリヒスの、ケルトベニの、ヒルシュフェルトの、無念のうちに亡くなったたくさんの先人たちの「夢の続き」を今に映して。

さあ、この本が終わったあとも、歴史をつむいでいきましょう。同性愛診断法なるものが、必要とされつづけるのか、否か。この続きは、あなたも、私も含めた、私たちひとりひとりの手によって書き継がれていくのです。

おわりに

あなたは今、どんなところでこの文章を読んでくださっているのでしょうか。ここまで読み通してくださった方、ありがとうございます。本屋さんや図書館で「あとがき」から読む派のあなたも、ありがとうございます。

私はといいますと、今、自宅でひとりきりです。二〇一五年十一月十八日、午後四時。私は所属事務所の女子寮に、妻と所属の女優さんたちと一緒に住んでいるんですが、妻は仕事に、同居している女優さんたちは舞台稽古に出かけてしまっています。静かに雨音がします。

ひとりでは眠たいので、本当は、この本を出してくださった出版社の星海社に伺って「あとがき」を書こうかと思っていました。が、やめました。ちゃんとひとりで画面に向かって、読んでくださるあなたとふたりでいるような気持ちで書こうと思ったんです。ここでは最後に、あなたへのお礼と、この本の制作過程に起こった〝ちょっとした事件〟のお話、そして、本づくりに関わってくださった皆さんのご紹介をしてまいりたいと思います。

さて、〝ちょっとした事件〟のお話に入ります。まずは、背景から。

この本は、「世界の同性愛診断テスト」と題して書きました。「同性愛」という言葉をタイトルに入れるにあたり、私は少しためらいました。「同性愛」と表紙に書かれた本を、手に取る勇気がない、自室の本棚に置けないという方も少なくないだろうと思ったからです。

私自身も、いちばん悩んでいた思春期は、検索エンジンに「同性愛」って入力することにすらひどい罪悪感がありました。で、子ども向けの閲覧制限フィルターで「同性愛」って単語が不適切扱いされ、ブロックされて、「私は不適切な存在なんだ……」って余計に罪悪感が増してしまったりしていたのが中学校のころでした。

そのころの私が心のよりどころにしていたのは、……いきなりですけど、ギリシャ語を勉強することでした。

十歳で女の子に初恋をし、その気持ちを自分で押し殺して以降、私はずっと、心が押しつぶされるように痛かった。そのうえ、気づけていなかったんです。それは自分で自分の心を押しつぶしているせいなんだ、っていうことに。

なんだかわからないもやもやを抱え、家と学校を行き来する。子ども時代の私は、私という役割を演じているような気分で毎日を過ごしていました。そういう日々の中で、遠い国の言葉だけが光り輝いて見えたんです。特にギリシャって、距離だけでなく時間も遠く離れていまして、何千年もの昔から今までほとんど変わらない文字を使っているんですよね。そういうギリシャ語の文字を指でなぞりながら、どこか遠いところ、まだ見ぬ世界のことばかりを考えて過ごしていました。世界は、私が知っているよりもずっと広く果てしないんだ。私が知っている世界に絶望しそうになったら、知らない世界に希望を探しに行けばいいんだ、って。

私は現実から逃げ、漫画やゲームに没頭しました。オカルト系サイトを読みあさって、「異世界に行く方法」みたいなやつを試したり、幽体離脱の練習を日課にしたりしました。でもやっぱり、結局は辛い日常に帰ってきてしまうんですよね。「同性愛者でなんかいてはいけない」と、必死で彼氏をつくろうとする。だけどやっぱり「彼におっぱいがあったらいいのになあ」なんて考えてしまっている自分に気が付いて、相手にも悪いし自分のことも気持ち悪いしでどうしようもない。自分が自分でいることがいやになると、私はいつもギリシャのラジオに耳を澄ましていました。漫画やゲームやファンタジーの世界にはなかなか行きづらいけれど、ギリシャにならいつか航空券さえ買えれば行けると思ったからです。

そうして、いつしか大人になりました。

「Αερολιμένα… Αθήνα…（空港……アテネ……）」

機内のギリシャ語アナウンスが、ほんの少しだけれど聞き取れる。まもなくアテネ国際空港に到着しようという飛行機の中で、私は、泣いていました。

隣には、私の妻がいました。

妻の家族、つまり、私の家族になってくれた人たちもいました。

大人になった私は、人生をともにしたいと思える女性と出会うことができました。そうして私と婦妻になってくれた女性の、そのお父様が、ギリシャ語を勉強し、ほとんど毎年ギリシャに行くようなギリシャファンの人だったのです。

死ななくてよかった。自分から見える範囲の世界に絶望しなくてよかった。私は本当に、心から、生きていてよかった、って思いました。ずいぶん遠くに来たんだなあ、って思いました。泣きすぎてお腹がすいたので、私はアテネ国際空港の売店に入り、パンを指さして「これください」ってギリシャ語で言いました。店員さんは、ギリシャ語で答えてくれました。その人は、私が会ったことのない人でした。その言葉は、私が知ろうとしなければ知らないままだったはずの言葉でした。

「同性愛者」っていう言葉を、私は牢獄のように感じていました。もちろん、自分に誇りを持って「私は同性愛者です！」って言える勇気は素敵だと思います。そういう人に向かって「お前は囚人だ、同性愛者って言葉にとらわれているんだ」だなんて言うつもりはないんです。ただ、私個人は恐かった。息苦しかったんです。「自分は同性愛者なのかも」って恐れつづけた少女時代が、そして、「早く同性の恋人をつくらなきゃ、早く同性愛者として認められたい」って空回りしていた少女期の終わりが。

そういうことが繰り返されないようにって、私は、書くことをお仕事にしたんです。この本を書くにあたって、東京の国立国会図書館で「同性愛者」という言葉の歴史を調べてみたら、詳しくは本書のネタバレになるので避けますけれども、それはかつては無かったものなんだということを知るにいたりました。そして、それがなぜつくられたのか、それをつくった人の胸の内にどんな想いがあったのかということを知るにいたりました。牢獄のように思えていた「同性愛者」という言葉が、私の中で、赤く熱された鉄のようにやわらかくまぶしく溶けていきました。資料をカウンターに返却し、ふと、頭上に目をやると、案内板のそばにこんな言葉が刻まれていました。

「Η ΑΛΗΘΕΙΑ ΕΛΕΥΘΕΡΩΣΕΙ ΥΜΑΣ」

それは、ギリシャ語でした。私は、震えがきました。国立国会図書館カウンターの上部には、この文章の日本語訳も刻まれていますが、これがどんな意味の言葉なのかは、あえてここには書かないでおきます。

知る、ということ。読み、聴き、話し、食べ、嗅ぎ、触り、感じ、そして、知る、ということ。その先にある、あの震えがくるような瞬間が楽しみで、私はきっと生き続けているんだと思います。そうしてこの命は、第1章でご紹介したウルリヒスとケルトベニはじめ、多くの先人たちが命を賭けて行動したからこそ今ここにあるものだと思います。二〇一三年、フランスでの同性婚法制化をフランスで妻と迎えた時、フランスのメディアは、一七五〇年に同性愛を理由にしてフランスで処刑された最後のカップル、ジャンとブルーノのことを報じていました。ジャンとブルーノは、生きることも許されず、子どもを残すこともできませんでした。だけれど、私は思うのです。彼らの命は、夢見た未来は、ちゃんと今、ここまで続いてきているんだ、って。

この本の多くは、東京の国立国会図書館で、あのギリシャ語の碑文のもとに書かれました。第4章でエヴリン・フーカーのことを書こうと、数百ページもある人物図鑑を開いた瞬間、まさにそのページがエヴリン・フーカーの人生を書いたページだったあの時の光景は、生涯忘れがたいものだと思います。

あらためて、感謝を申し上げます。まずは、この本でご紹介した歴史上のみなさん。直接お会いすることはできませんでしたが、それでも、本の海に会いに行くことは刺激的な体験でした。

それから、この本の元になった記事を編集して下さった、2CHOPO編集部の日向さんと吉田さんにもお礼を申し上げます。エッセイや漫画など、LGBTsにまつわる読み物を集めたWEBサイト「2CHOPO」では、私こと牧村朝子による時事コラム「まきむぅの虹色NEWSサテライト」も連載中です。よかったら読んでみてくださいね。

また、担当編集である星海社の今井雄紀さんにも感謝します。お互いのデビュー作『百合のリアル』(星海社新書)を作って以来のお付き合いですね。この本を企画段階から鍛え上げてくださった太田克史さん、作品に合う書体を選んでくださった紺野慎一さんにもお礼を申し上げます。

帯写真を、『百合のリアル』でもご一緒した青山裕企さんに撮って頂けたのも、とってもうれしかったです。急なお願いに快く応じてくださった、ヘアメイクのa・i・k・oさんにも、大変お世話になりました。

また、校閲(本に間違いがないか確認する作業)をしてくださった鷗来堂の皆さん、デザインのセプテンバーカウボーイ・吉岡秀典さん、チコルズ・山田知子さん。印刷、製本、営業、流通の皆さんにも心からの感謝を申し上げます。本って、チームワークなんですよね。私の所属事務所オフィス彩のほうでも、杉本彩さんや担当マネージャーはじめ、多くの方々の存在に私はどれだけ励まされたかわかりません。

私が書く仕事に就くチャンスをくれた、友人の小池みきさんにも感謝します。それから、いつも「朝子ちゃん、原稿進んだの？」と笑顔で追い詰めてくれた妻・モリガにも。

そしてなにより、限りある人生のひととき、この本を読んでくださったあなたに今一度感謝を申し上げます。

さて、どこまで歩いていけるでしょうか。

あなたがこれからの人生の続きを歩んで行くにあたり、私たちがこれからの歴史の続きを編んでいくにあたり、この本を、あなたの日常からちょっとでも遠いところを覗く双眼鏡みたいに使って頂けたらいいなあと思っています。

参考文献一覧

第Ｉ章

〈1〉 John Dececco Ph.D. and Naomi S Tucker, "Bisexual Politics: Theories, Queries, and Visions", Routledge
Marié McGregor, "The Legal Liberation and Empowerment of Transsexual People A broad perspective and detailed discussion of South Africa", Journal of Law and Social Sciences (2014)

〈2〉 YouTube 法務省チャンネル「人権啓発ビデオ 『あなたが あなたらしく生きるために性的マイノリティと人権』」https://www.youtube.com/watch?v=G9DhghaAxlo（２０１５年９月17日閲覧）

〈3〉 Ｄ・Ｊ・ウェスト著、村上仁、高橋孝子訳「同性愛」人文書院刊、１９７７年

〈4〉 Cultural Survival, "Siwan Anthropologist Sparks Controversy", http://www.culturalsurvival.org/news/siwan-anthropologist-sparks-controversy/（２０１５年９月17日閲覧）、日本語訳は筆者による

〈5〉 Ahmed Fakhry, "The Oases of Egypt: Siwa Oasis", American University in Cairo Press (1973) p.403

〈6〉 ロバート・オールドリッチほか著、田中英史、田口孝夫訳「同性愛の歴史」東洋書林刊、２００９年

〈7〉 Evelyn Blackwood, "The Many Faces of Homosexuality: Anthropological Approaches to Homosexual Behavior", Routledge (1986)

〈8〉 Sabine Lang, "Men as Women, Women as Men: Changing Gender in Native American Cultures", University of Texas Press (1998)

〈9〉 Cleo Manago, AFRO, "Getting at the Root of Black "Homophobic" Speech" http://www.afro.com/sections/opinion/story.htm/?storyid=74083（２０１５年９月17日閲覧）、日本語訳は筆者による

〈10〉 R. L. Scott, V. M. Mays, C. Nellos, S. D. Cochran, "Don't call me queer: Preferred self-identifiers for recruiting African American MSM's in HIV research. CD Only: The XV International AIDS Conference: Abstract no. D12960" (2004)

〈11〉 YouTube 国連広報センター「なぞなぞ：同性愛嫌悪に対する国連からのメッセージ」https://www.youtube.com/watch?v=y3OvH0SEznM（２０１５年９月17日閲覧）

〈12〉 Gary Greenburg, "Gay by Choice? The Science of Sexual Identity", Mother Jones, http://www.motherjones.com/politics/2007/08/gay-choice-science-sexual-identity?page=2（２０１５年９月18日閲覧）
※ベンケルトの友人の手紙部分は、翻訳ではなく要約になっています。実際にこの通りの文章が手紙に書かれていたというわけではありません。

〈13〉 S. J. Licata, R. P. Petersen, "The Gay Past: A Collection of Historical Essays–Historical Perspectives on Homosexuality", Routledge (1982)

〈14〉 沢田順次郎著「神秘なる同性愛」上巻、共益社出版部刊（１９２３年）p.62

〈15〉 Numa Numantius, "Inclusa. Anthropologische Studien über mann männliche Geschlechtsliebe", Mathes (1864)

〈16〉 サイモン・ルベイ著、玉野真路・岡田太郎訳「クィア・サイエンス」勁草書房刊（２００２年）

〈17〉 Elena Mancini, "Magnus Hirschfeld and the Quest for Sexual Freedom", Palgrave Macmillan (2010)

〈18〉 Robert Aldrich, Garry Wotherspoon. "Who's who in Gay and Lesbian History: From Antiquity to World War II", Routledge (2001)

〈19〉 Jonathan Ned Katz, "The Invention of Heterosexuality", Dutton (1995) p.52

〈20〉 Judit Takács, "Speech inaugurating a new tombstone for Károly Kertbeny (1824–1882)", http://desk.nl/~gris/public/nyul/kertbeny-en.php（２０１５年９月20日閲覧）

第II章

〈1〉 Richard Von Krafft-Ebing, "Psychopathia Sexualis: A Medico-Forensic Study", Butterworth-Heinemann (2013)

〈2〉 １９１３年の版は、大日本文明協会事務所による刊行。それ以降もさまざまなタイトルで多数の新訳が出版されている。

〈3〉 沢田順次郎著、「神秘なる同性愛」上巻、天下堂（１９２０年）序章３

〈4〉 Travis K. Svensson, "Bioethical Analysis of Sexual Reorientation Interventions The Ethics of Conversion Therapy", BrownWalker Press (2003) p.178

〈5〉 Pagan Kennedy, "The First Man-Made Man: The Story of Two Sex Changes, One Love Affair, and a Twentieth-Century Medical Revolution", Bloomsbury Publishing USA (2008) p.43

〈6〉 Pagan Kennedy, "The First Man-Made Man: The Story of Two Sex Changes, One Love Affair, and a Twentieth-Century Medical Revolution", Bloomsbury Publishing USA (2008) p.44

〈7〉 サイモン・ルベイ著、玉野真路・岡田太郎訳「クィア・サイエンス」勁草書房刊（２００２年）p.30

〈8〉 Richard Dunphy, "Sexual Politics: An Introduction", Edinburgh University Press (2000) p.15

〈9〉 Paolo Mantegazza, "The Sexual Relations of Mankind", Eugenics Publishing Co (1938). 原著はイタリア語、英訳は Samuel Putnam による。

〈10〉 稲垣足穂、「稲垣足穂全集」第13巻、筑摩書房（２００１年）p.225

〈11〉 Valentin Magnin, "Inversion du sens génital chez un pseudo-hermaphrodite féminin", Masson (1911)
〈12〉 英語原文はフロイト博物館公式ページに掲載されている。http://www.freud.org.uk/education/blog/40151/homophobia/
〈13〉 Elena Mancini, "A brighter shade of pink: Magnus Hirschfeld, the third sex and the sexual freedom movement in Germany", ProQuest (2007)
〈14〉 サイモン・ルベイ著、玉野真路・岡田太郎訳「クィア・サイエンス」勁草書房刊（２００２年）p.28–30
〈15〉 Elena Mancini, "Magnus Hirschfeld and the Quest for Sexual Freedom", Palgrave Macmillan (2010)
〈16〉 Ralf Dose, "Magnus Hirschfeld: The Origins of the Gay Liberation Movement", NYU Press (2014) p.28/p.80
〈17〉 Elena Mancini, "A brighter shade of pink: Magnus Hirschfeld, the third sex and the sexual freedom movement in Germany", ProQuest (2007) p.156

第三章

〈1〉 小峰茂之、南孝夫著「同性愛と同性心中の研究」牧野出版刊（１９８５年）p.253
〈2〉 南利明著「民族共同体と法(1)：NATIONALSOZIALISMUS あるいは『法』なき支配体制」静岡大学法経研究37(3)、（１９８８年）。ドイツ語原文は "Reden des Führers am Parteitag der Ehre 1936" による。
〈3〉 Richard Plant, "The Pink Triangle: The Nazi War Against Homosexuals", Macmillan (2011)
〈4〉 Hans-Georg Stümke, Rudi Finkler, "Rosa Winkel, rosa Listen", Reinbek b. Hamburg: Rowohlt TB (1985)
〈5〉 George E. Haggerty, "Encyclopedia of Gay Histories and Cultures: Volume 2", Routledge (1999)
〈6〉 1939年9月30日、厚生省予防局優勢課民族衛生研究会による発表
〈7〉 Catherine Epstein, "Nazi Germany: Confronting the Myths", Wiley-Blackwell (2015)
〈8〉 サイモン・ルベイ著、玉野真路・岡田太郎訳「クィア・サイエンス」勁草書房刊（２００２年）p.36。元になった調査は、ドイツの社会学者 Rüdiger Lautmann による。
〈9〉 Christian Goeschel, "Suicide in Nazi Germany", Oxford University Press (2009) の英訳をもとにした、筆者による日本語訳。原文は "LAB, A Rep 358–02, no 132128, Bl 2: Abschrift, 3 March 1937" による。
〈10〉 Peter Tatchell, "The Nazi doctor who experimented on gay people – and Britain helped to escape justice", The Guardian 公式サイト (http://www.theguardian.com/commentisfree/2015/may/05/nazi-doctor-gay-people-carl-vaernet-escaped-justice-danish)、２０１５年10月7日閲覧
〈11〉 Alexander Cockburn, Jeffrey St. Clair, "Whiteout: The CIA, Drugs and the Press", Verso (1999)
〈12〉 サイモン・ルベイ著、玉野真路・岡田太郎訳「クィア・サイエンス」勁草書房刊（２００２年）p.105
〈13〉 Lothar Machtan, "The Hidden Hitler", Basic books (2002) p.111
〈14〉 ジョン・トーランド著、永井淳訳「アドルフ・ヒトラー」上巻、集英社（１９７９年）
〈15〉 ロバート・エプスタイン、ジェフリー・フリードマン監督「Paragraph 175」HBO, Telling Pictures による。日本語版ＤＶＤは発売されていないが、日本国内の一部映画祭で数回上映されている。
〈16〉 Hollie Pycroft, "What happened to gay women during the Holocaust?", Gay Star News (http://www.gaystarnews.com/article/what-happened-gay-women-during-holocaust050215/)、２０１５年10月7日閲覧
〈17〉 Timothy F. Murphy, "Gay Science: The Ethics of Sexual Orientation Research", Columbia University Press (1997) p.138
〈18〉 Allan Bérubé, "Coming Out Under Fire: The History of Gay Men and Women in World War II", Simon and Schuster (2000)
〈19〉 Clifford A. Wright, "Endocrine aspects of homosexuality: A preliminary report", Medical Record 142 (1935)
〈20〉 Clifford A. Wright, "Results of endocrine treatment in a controlled group", Medical Record 154 (1941)
〈21〉 豊岡舟山著「情育観　一名　男女交際の栞」誠之堂刊（１９０５年）より、「二　鶏姦」の筆者による現代語訳
〈22〉 柴本枝美「１９２０年代における性教育論の目的規定について：山本宣治の性教育論を中心に」京都大学大学院教育学研究科紀要（２００５年）51: 290–301
〈23〉 山本宣治「山本宣治全集〈第1巻〉人生生物学・性科学」汐文社刊（１９７９年）p.336。もとは１９２０年代に発表された「現代の両性問題」による。
〈24〉 山本宣治「山本宣治全集〈第1巻〉人生生物学・性科学」汐文社刊（１９７９年）p.337より、筆者による現代語訳。原文は次の通り。
「同性恋愛者の享楽権　之はまだ日本では問題となつて居ないが、独逸では男で先天的に同性相牽く者が独自の享楽を互いに行ふてゐると猥褻罪に問はれて投獄される。大砲王クルップ伯も嘗て問題を惹起した事があるが、遺伝的にその傾向が具はつてをり、且その発現が「非社会的」でない時、処罰は彼等特殊の人間性を冒涜するものだといふ理由で、団結して政治行動に出てゐる。」
〈25〉 山本宣治「山本宣治全集〈第1巻〉人生生物学・性科学」汐文社刊（１９７９年）p.579

第四章

〈1〉 James H. Jones, "Alfred C. Kinsey: A Life", W. W. Norton & Company (2004)

〈2〉 Kinsey, Alfred C. et al. “Sexual Behavior in the Human Male”. Philadelphia: W.B. Saunders; Bloomington, IN: Indiana U. Press. (1948) の筆者による日本語訳
〈3〉 原題は “Sexual Behavior in the Human Female”
〈4〉 The Kindsey Institute, “Kindsey's Heterosexual-Homosexual Rating Scale”, インディアナ大学キンゼイ研究所ホームページ (http://www.kinseyinstitute.org/research/ak-hhscale.html), ２０１５年１０月21日閲覧
〈5〉 The Kindsey Institute（キンゼイ研究所）“The Kinsey Report of 1953: Media Reaction to Sexual Behavior in the Human Female”, (http://kinseyinstitute.org/services/2003/media-reaction.html), ２０１５年10月21日閲覧
〈6〉 American Institute Of Bisexuality（米国バイセクシュアリティ研究所）、“About Fritz Klein”, (http://www.americaninstituteofbisexuality.org/fritz-klein), ２０１５年10月22日閲覧
〈7〉 The Guardian, “Fritz Klein - Psychiatrist exploring the complexities of bisexuality”, (http://www.theguardian.com/news/2006/jun/19/guardianobituaries.mainsection）, 2015年10月22日閲覧
〈8〉 San Francisco Gate, “Dr. Fritz Klein -- bisexual pioneer who created Klein Grid sex scale”, (http://www.sfgate.com/bayarea/article/Dr-Fritz-Klein-bisexual-pioneer-who-created-2518089.php), ２０１５年10月22日閲覧
〈9〉 日本精神神経学会誌 Psychiatria et neurologia japonica, 第63巻、第１〜７号
〈10〉 Eliot Slater and Patrick Slater, “A STUDY IN THE ASSESSMENT OF HOMOSEXUAL TRAITS”, British Journal of Medical Psychology Volume 21, Issue 1, pages 61–74, March 1947
〈11〉 平成二十五年六月二十四日付、第１８３回国会（常会）質問主意書の質問第一三二号。質問は、「いのち　リスペクト。ホワイトリボン・キャンペーン」や「レインボー金沢」といった市民団体からの働きかけに、レズビアンであることを公表して当選した参議院議員（当時）・尾辻かな子氏が応える形で行われた。
〈12〉 James L Kuethe and Herbert Weingartner, “Male-Female schemata of Homosexual and Non-homosexual Penitentiary Immates”, The Johns Hopkins University (1964)
〈13〉 Z. A. Piotrowski, "Perceptanalysis: The Rorschach Method Fundamentally Reworked, Expanded and Systematized", Routledge (2013) p.28
〈14〉 日本臨床心理学会「心理治療を問う」現代書館（１９８５年）
〈15〉 多数あるものの、たとえば次の論文など。
W. M. Wheeler, “An analysis of Rorschach Indices of Male Homosexuality”, Journal of Projective Techniques 13 (1949), p.97–126
Stephen Coates, “Homosexuality and the Rorschach Test”, British Journal of Medical Psychology Vol.35–2 (1962), p.177-190
M. R. Goldfried, “On the diagnosis of homosexuality from the Rorschach”, Journal of Consulting Psychology, Vol 30(4), Aug 1966, p.338-349.
〈16〉 J.H.Hopkins, “Lesbian signs on the Rorschach”, British journal of projective psychology and personality study, 15(2), (1970)
〈17〉 Jackson, K. T., Markoe, A., Markoe, K. “The Scribner Encyclopedia of American Lives”. Charles Scribner's Sons. 4, (2001), p.251–253
〈18〉 Katharine S. Milar, “The myth buster”, (http://www.apa.org/monitor/2011/02/myth-buster.aspx), American Psychological association, ２０１５年10月27日閲覧
〈19〉 Jackson, K. T., Markoe, A., Markoe, K. “The Scribner Encyclopedia of American Lives”. Charles Scribner's Sons. 4, (2001), p.251–253
〈20〉 Evelyn Hooker, "The adjustment of the male overt homosexual", Journal of projective techniques, XXI (1957)
〈21〉 Katharine S. Milar, “The myth buster”, (http://www.apa.org/monitor/2011/02/myth-buster.aspx), American Psychological association, ２０１５年10月27日閲覧

第五章

〈1〉 産経ニュース「『イスラム国』が性的少数者を迫害　安保理が初討議」(http://www.sankei.com/world/news/150825/wor1508250016-n1.html)、２０１５年11月６日閲覧、共同通信による
〈2〉 ILGA（国際レズビアン・ゲイ・バイセクシュアル・トランス・インターセックスアソシエーション）調べ、“State-Sponsored Homophobia. A World Survey of Laws: criminalisation, protection and recognition of same-sex love” ２０１５年５月、第10版 (http://old.ilga.org/Statehomophobia/ILGA_State_Sponsored_Homophobia_2015.pdf)、２０１５年11月６日閲覧
〈3〉 Colin Stewart et al. “Eracing 76 crimes” (http://76crimes.com/)、２０１５年11月６日閲覧
〈4〉 牧村朝子「まきむぅの虹色ＮＥＷＳサテライト　第１１６回『孫の顔を見せないなんて親不孝』……中国で親から子に強いられる〝同性愛治療〟の実態とは」2CHOPO (http://www.2chopo.com/article/detail?id=1501)、２０１５年11月６日閲覧
〈5〉 元ツイートＵＲＬは https://twitter.com/eriore/status/131998057658204160（※２０１５年11月現在はアカウントごと消えており、閲覧不可能となっています。元の画像を見たい場合は、「絵の中の数字が見えない場合」で画像検索すると出てきます）
〈6〉 Daily Mail 記者による、“Middle school boys suspended after masturbating during class while watching

porn as part of a 'test to see if they were gay'" (http://www.dailymail.co.uk/news/article-2161396/Middle-school-boys-suspended-masterbating-class-watching-porn-test-gay.html) Mail Online, ２０１５年11月18日閲覧。ハフィントンポスト米国版、ＮＢＣサンディエゴほかも同じニュースを伝えている。

〈7〉 Aljadeed Fan による YouTube へのアップロード。タイトルは「مصري يطلب يد حبيبه وسط الزغاريد」。２０１５年11月９日現在、次のＵＲＬで視聴可能です：https://www.youtube.com/watch?v=CRIF6yDIqgs

〈8〉 Nick Duffy, "Egypt: Men arrested over 'same-sex wedding' video", PinkNews (http://www.pinknews.co.uk/2014/09/07/egypt-men-arrested-over-same-sex-wedding-video/), ２０１５年11月９日閲覧

〈9〉 Nick Duffy, "Egypt: Men arrested over same-sex wedding 'test negative' for homosexuality" (http://www.pinknews.co.uk/2014/09/10/egypt-men-arrested-over-same-sex-wedding-test-negative-for-homosexuality/), ２０１５年11月９日閲覧

〈10〉 牧村朝子「まきむぅの虹色ＮＥＷＳサテライト　第62回　命の危険も？ ♂♂出会いアプリ Grindr の仕様変更の理由とは」2CHOPO (http://www.2chopo.com/article/detail?id=864), ２０１５年11月９日閲覧

〈11〉 Gianluca Mezzofiore, "Qatar 2022: Gulf States' 'Gay Tests' Trigger World Cup Boycott Call", International Business Times (http://www.ibtimes.co.uk/qatar-2022-kuwait-gay-tests-fifa-world-512285), ２０１５年11月９日閲覧。記事内における Peter Tatchell 氏の発言による

〈12〉 同氏が地元紙 Al Rai にした発言を、The Huffington Post 米国版が英訳して報じたものに基づく。Cavan Sieczkowski, "Gulf Countries Propose Test To 'Detect' Gays, Ban Them From Entering", Huffpost Gay Voices (http://www.huffingtonpost.com/2013/10/09/gulf-countries-detect-gays_n_4065927.html), ２０１５年11月９日閲覧

〈13〉 Human Rights Watch, "Lebanon: Stop 'Tests of Shame" (https://www.hrw.org/news/2012/08/10/lebanon-stop-tests-shame), ２０１５年11月９日閲覧

〈14〉 Habib Toumi, "Gulf homosexual ban was 'just a proposal': Kuwait chief", Gulf News Kuwait (http://gulfnews.com/news/gulf/kuwait/gulf-homosexual-ban-was-just-a-proposal-kuwait-chief-1.1245007), 2015年11月９日閲覧

〈15〉 Habib Toumi, "Gulf homosexual ban was 'just a proposal': Kuwait chief", Gulf News Kuwait (http://gulfnews.com/news/gulf/kuwait/gulf-homosexual-ban-was-just-a-proposal-kuwait-chief-1.1245007), ２０１５年11月９日閲覧

〈16〉 Emre Azizlerli, "Proving you're gay to the Turkish army", BBC News (http://www.bbc.com/news/magazine-17474967), ２０１５年11月９日閲覧

〈17〉 サイモン・ルベイ著、玉野真路・岡田太郎訳「クィア・サイエンス」勁草書房刊（２００２年）p.51。もとの論文は K. W. Freund, F. Sedlacek, F,. and K. Knob, "A simple transducer for mechanical plethysmography of the male genital," Journal of the Experimental Analysis of Behavior 8:169–179 (1965).

〈18〉 G. Sintchak and J. A. Geer, "A vaginal plethysmograph system," Psychophyciology 12: 113–115(1975).

〈19〉 BBC News, "Czech gay asylum 'phallometric test' criticised by EU" (http://www.bbc.com/news/world-europe-11954499), ２０１５年11月９日閲覧

〈20〉 Dan Bilefsky, "Gays Seeking Asylum in U.S. Encounter a New Hurdle",The New York Times (http://www.nytimes.com/2011/01/29/nyregion/29asylum.html?pagewanted=all), ２０１５年11月９日閲覧

〈21〉 牧村朝子「まきむぅの虹色ＮＥＷＳサテライト　第87回『子どもを産んだならレズビアンじゃない』？　弁護士による裁判中の発言が物議をかもす」2CHOPO, ２０１５年11月９日閲覧

〈22〉 Ella Braidwood, "SUPPORT LESBIAN ASYLUM SEEKER ADERONKE APATA", Diva Magazine (http://www.divamag.co.uk/category/news/support-lesbian-asylum-seeker-aderonke-apata.aspx), ２０１５年11月９日閲覧

〈23〉 Emily Dugan, "Home Office says Nigerian asylum-seeker can't be a lesbian as she's got children", The Independent (http://www.independent.co.uk/news/uk/home-news/home-office-says-nigerian-asylum-seeker-can-t-be-a-lesbian-as-she-s-got-children-10083385.html), ２０１５年11月９日閲覧

〈24〉 牧村朝子「まきむぅの虹色ＮＥＷＳサテライト　第55回 同性愛は遺伝か、選択か？　レズビアン作家とゲイジャーナリストの仁義なき論戦」2CHOPO (http://www.2chopo.com/article/detail?id=806), ２０１５年11月９日閲覧

〈25〉 Judit Takács, "Speech inaugurating a new tombstone for Károly Kertbeny (182–1882)", http://desk.nl/~gris/public/nyul/kertbeny-en.php（２０１５年11月９日閲覧）

〈26〉 Kinsey, Alfred C. et al. "Sexual Behavior in the Human Male". Philadelphia: W.B. Saunders; Bloomington, IN: Indiana U. Press. (1948)

星海社新書76

同性愛は「病気」なの？　僕たちを振り分けた世界の「同性愛診断法」クロニクル

二〇一六年　一　月二五日　第　一　刷発行

著者　牧村朝子

発行者　藤崎隆・太田克史

編集担当　今井雄紀

発行所　株式会社星海社
〒一一二-〇〇一三
東京都文京区音羽一-一七-一四　音羽YKビル四階
電話　〇三-六九〇二-一七三〇
FAX　〇三-六九〇二-一七三一
http://www.seikaisha.co.jp/

発売元　株式会社講談社
〒一一二-八〇〇一
東京都文京区音羽二-一二-二一
（販売）〇三-五三九五-五八一七
（業務）〇三-五三九五-三六一五

印刷所　凸版印刷株式会社

製本所　株式会社国宝社

アートディレクター　吉岡秀典（セプテンバーカウボーイ）

デザイナー　山田知子（チコルズ）

フォントディレクター　紺野慎一

本文図版　meyco

校閲　鷗来堂

ISBN978-4-06-138580-1
Printed in Japan

76
SEIKAISHA SHINSHO

次世代による次世代のための

武器としての教養
星海社新書

星海社新書は、困難な時代にあっても前向きに自分の人生を切り開いていこうとする次世代の人間に向けて、ここに創刊いたします。本の力を思いきり信じて、みなさんと一緒に新しい時代の新しい価値観を創っていきたい。若い力で、世界を変えていきたいのです。

本には、その力があります。読者であるあなたが、そこから何かを読み取り、それを自らの血肉にすることができれば、一冊の本の存在によって、あなたの人生は一瞬にして変わってしまうでしょう。思考が変われば行動が変わり、行動が変われば生き方が変わります。著者をはじめ、本作りに関わる多くの人の想いがそのまま形となった、文化的遺伝子としての本には、大げさではなく、それだけの力が宿っていると思うのです。

沈下していく地盤の上で、他のみんなと一緒に身動きが取れないまま、大きな穴へと落ちていくのか？　それとも、重力に逆らって立ち上がり、前を向いて最前線で戦っていくことを選ぶのか？

星海社新書の目的は、戦うことを選んだ次世代の仲間たちに「武器としての教養」をくばることです。知的好奇心を満たすだけでなく、自らの力で未来を切り開いていくための〝武器〟としても使える知のかたちを、シリーズとしてまとめていきたいと思います。

2011年9月

星海社新書初代編集長　柿内芳文